拉姆·查兰
管理经典

[美] 拉姆·查兰　著
(Ram Charan)

徐中◎译

卓有成效的
领导者

8项核心技能帮你从优秀到卓越

——

Know-How

The 8 Skills That Separate People Who Perform
from Those Who Don't

——

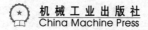

机械工业出版社
China Machine Press

图书在版编目（CIP）数据

卓有成效的领导者：8 项核心技能帮你从优秀到卓越 /（美）拉姆·查兰（Ram Charan）著；徐中译．
—北京：机械工业出版社，2016.8（2023.5 重印）
（拉姆·查兰管理经典）
书名原文：Know-How: The 8 Skills That Separate People Who Perform from Those Who Don't

ISBN 978-7-111-54402-9

I. 卓 … II. ①拉 … ②徐 … III. 企业领导学 IV. F272.91

中国版本图书馆 CIP 数据核字（2016）第 166627 号

卓有成效的领导者：8 项核心技能帮你从优秀到卓越

出版发行：机械工业出版社（北京市西城区百万庄大街 22 号 邮政编码：100037）
责任编辑：程 琨 白春玲
责任校对：殷 虹
印 刷：涿州市京南印刷厂
版 次：2023 年 5 月第 1 版第 12 次印刷
开 本：147mm×210mm 1/32
印 张：8.625
书 号：ISBN 978-7-111-54402-9
定 价：49.00 元

客服电话：（010）88361066 68326294

本书衷心地献给我的大家庭，50 年来
同在一个屋檐下的 12 个兄弟姐妹们
（包括堂兄、堂弟等），是他们做出的牺
牲使我能够接受正规的教育。

成功企业家的 8 项胜任技能

2013 年 11 月 26 日，上海浦东香格里拉酒店，第二次与拉姆·查兰见面。照例，他一见面就是一通提问：明天的 500 位企业高管想听到什么？他们现在面临的主要挑战是什么？明天同场做主题演讲的华润、海尔、万科、TCL 的总裁和公司是什么背景……并在小本子上一一记下来。每次与查兰见面，或者通电话，都需要做大量的事前准备，否则，就是浪费时间。

晚餐时，聊完正事，我提出了藏在心里很久的问题：您 40 年前为何离开哈佛商学院？您最敬佩的人是谁？查兰迅速地答道："我不喜欢做理论研究，我喜欢与企业家一起解决问题。"

2014 年，我邀请拉姆·查兰先生到中国授课三天，来自中国电信、百度、中兴通讯、美团、宜信等企业的 100 多位高管参加了"变革时代的转型之道"工作坊和"成功领导者的核心技能与领导梯队建设"论坛。查兰博士在论坛中讲授了本书的要点，受到大家的一致好评。

查兰是杰克·韦尔奇最推崇的咨询大师,韦尔奇说:"他有一种罕见的技能,能够从无意义的事情当中提炼出意义,并且以平静和有效的方式传递给他人。"当杰夫·伊梅尔特接任杰克·韦尔奇之后,查兰是他第一个向外征求建议的顾问。截至2007年,是他为通用电气公司工作的第37个年头,为杜邦工作的第33个年头……⊖

40年来,查兰为通用电气、杜邦、美国银行、诺华制药、3M、EMC、塔塔集团等世界500强企业的CEO和高管提供长期的咨询和教练,洞悉了企业家和企业的成功之道。在帮助企业家成功的同时,他提炼出了一整套企业家和企业成功的模式,并在《执行》《领导梯队》《CEO说》⊖《卓越成效的领导者》等19部著作当中一一呈现。

本书可谓是查兰总结的成功企业家的胜任力模型,针对的是CEO和事业部总经理,培养他们如何在快速变化的商业环境中准确定位、使众人行、达成目标、基业长青的核心技能(know-how)!

对于本书的价值,史蒂芬·柯维博士和GE高级副总裁康纳狄的评价最具代表性:

如果说彼得·德鲁克的《管理的实践》和《卓有成效的管理者》⊜是写给20世纪工业时代的管理者的,那么拉姆·查兰的《卓有成效的领导者》就是写给21世纪的全球化数字时代的领导者的。本书中充满了颠扑不破的先见智慧——极具才华、实践和全面。

——《高效能人士的七个习惯》 史蒂芬·柯维博士

⊖ 《财富》,David Whitford,2007.7。
⊖⊜ 以上图书中文版已由机械工业出版社出版。

本书的真正开创性是，把成功领导者所需的核心技能与其个人的心理、个性特质进行了有效的整合！

——通用电气人力资源高级副总裁　比尔·康纳狄

在本书中，查兰使用"know-how"（懂得怎么做的诀窍和专门技能）一词，来区分能否达成目标的领导者。为了方便企业家理解和使用，我翻译为"核心技能"，意指最重要、最根本的技能（或能力）。

"卓有成效领导者的8项核心技能"大致可以分为以下三个方面：

第一方面是做事，即做正确的事和用正确的方法做事，包括准确定位业务、预见引领变革、设定正确目标和专注工作重点4项技能。

准确定位业务是业务发展的核心和盈利的基础，定位技能是领导者必备的第一技能。定位就是要找到新的收入模式、收入来源以及持续盈利的成本结构。在快速变化的新经济环境中，重新定位技能至关重要。领导者必须心胸开放、高瞻远瞩、积极乐观、海纳百川，善于自我觉察，及时发现变化的信号，抓住变化本质，形成新的商业定位。

预见引领变革要求领导者有永不满足的好奇心和对这个世界无穷的兴趣，要有强烈的动力去探索自己不知道的事情。要保持心态的积极和认知的开放，不要过多地用过去的经验来预测未来趋势，而是要吸收和消化各种复杂的事物，积极面对和主导变革，要应对外部变化，要对组织内部进行改变——对组织运作、组织行为、组织制度，还有组织文化等进行变革。

设定正确目标是帮助大家确定组织要到达的目的地，是一个持续递进的过程。目标应该有可行性和动员性，兼顾短期和长期。一旦全体员工形成清晰的目标共识，目标就能够协同大家的能量，激发员工的潜力，特别是当目标与物质激励挂钩之后。

专注工作重点是达成目标的必由之路。它提供了一个路线图，有效地组织和指导业务向目标前进。它能够集中精力和资源，确保要事优先，使我们从各种纷繁复杂的细琐事情中找到根本和关键，提纲挈领，从而实现最大产出。

第二方面是用人：管理团队合作、培养领导人才、打造核心团队。

管理团队合作是实现目标的关键。领导者必须建立起协调员工齐心协力工作的组织社会系统，让员工相互信任、共享信息、坦诚沟通、履行承诺、协同工作，营造积极高效的组织文化氛围。擅长诊断、设计和领导社会系统的技能，是成功领导者能够动员员工达成目标的关键。

培养领导人才体现在领导者要学会识别和培养各级干部，用好关键人才，建设组织持续发展的领导梯队。高潜力领导人才的特征是：雄心勃勃，适应技能强，善于学习，善于把握机会，能对业务进行全局性的思考，有敏锐的观察力，沟通简洁明了，思路清晰，善于提出深刻的问题来拓展人们的思维，激发人们的想象力，能富有洞察力地对下属做出判断，很清楚直接下属必须要达到的标准，善于发掘人才，并发现每个人的"天赋"。

打造核心团队是领导者必须在自己周围建立起一个具有高度"共识、共鸣、共振"的核心团队。领导者的成功取决于他身边的团队。在快速变化和充满挑战的环境中，如何让这些精力充沛、大权在握、高度自负的高管团结起来，成为一个真正的领导团队，是 CEO 面临的重大挑战。打造核心团队的重点在于 CEO 要改变领导方式，帮助团队创建业务的整体图景，纠正团队中任何分裂性行为。善于建立内部对话机制，在面临的挑战、机遇以及可获得的资源等问题上达成共识。善于教练辅导，激发他人的事业心和忠诚度，塑造团队的良好环境。

第三方面是结盟：建立社会联盟。

当前，任何一个行业的运营都处在一个错综复杂的社会和政治环境中，对领导者的要求不仅仅是利润和企业自身的成功，还必须关注企业外部的特殊利益团体的需求，建立广泛的社会联盟，承担起必要的社会责任，才能领导企业走得更远，赢得更广泛的支持。

此外，查兰认为：领导者的核心技能和个人特质、心理导向和认知结构相互影响，必须系统考虑它们之间的关系，才能有效培养领导者。成功领导者必须具备以下心理特征：雄心抱负 (ambition)、内驱力和毅力 (drive and tenacity)、自信 (self-confidence)、心态开放（psychological openness）、现实主义（realism）、虚心好学(appetite for learning)。

查兰是一个有很多故事的人，也善于讲故事。在本书中，查兰讲述了沃尔玛、通用电气、IBM、苹果、英特尔、家得宝、福特汽车、戴尔、百盛等 30 多家公司领导者成功与失败的 50 多个案例。阅读本书，仿佛是旁观查兰为一个个 CEO 提供现场管理咨询，颇有身临其境之感。

最后，让我们回到 HayGroup（合益）国际峰会大会现场，来自全球的 500 多位高管在聆听查兰做主题为《全球重心转移》的演讲，只见查兰拿出几张幻灯片，在上面画了一个地球，写下几个关键词句，然后绕着全场不停地走动讲述：经济中心从北半球的发达国家转移到了新兴的、高速发展的国家，先进的科技、管理和资本由北部国家向南部国家转移，企业家面临前所未有的全球化机遇与挑战……

徐中

领越®领导力高级认证导师

北京智学明德教育科技有限公司董事长

CONTENTS
目录

第1章

卓有成效领导者的本质：
8 项核心技能

核心技能将领导者分为两类：一类能够达成目标，另一类则不能。核心技能是那些知道自己在做什么的成功领导者的标志，他们为组织创造长期价值，并实现短期业绩目标。

外表特质是阻碍我们发现成功领导者的关键因素。我经常看到有的人因为外在的个人特质和魅力而被选拔担任领导，例如：

- **高智商**："他非常聪明、敏锐，分析能力强。我打心眼里觉得他能做好这份工作。"
- **良好的形象和出色的沟通能力**："她的报告令人惊叹不已！她将所有信息总结提炼在 PPT 上的能力超过了我。她当然有能力管理好这个委员会。记住我的话，她将成为高管！"
- **大胆展望的能力**："他描述了一幅多么美好的未来画面！"

- **一个天生的领导者**："全部门的人都喜欢她。她是多么善于鼓舞士气、激励人心啊！"

当然，智商、自信、魅力和沟通能力以及拥有愿景都是重要的。但是，智商高并不意味着能做出准确的商业判断。我们看见过很多领导者，满怀信心地做出决定，最后却变成一场灾难。我们又听到过多少愿景，最后发现不过是一堆修辞和夸口。

个人特质只是领导力的一小部分，离开了成功领导者的 8 项核心技能，它们的价值会大打折扣。8 项核心技能直接关系到领导者为公司带来盈利和发展。

我们需要这样的领导者——他们知道自己在做什么。变化始终伴随着我们，但是当前的变化规模、速度和深度与大多数读者经历过的已经完全不同了。

由于人才、资本和知识的流动，世界一流的竞争者可能在任何地方出现，例如，新兴国家具有明显行业优势的企业。

在领导企业走在正确的道路方面，我们的核心领导技能将持续受到考验。我们能够做正确的事情，制定正确的决策，达成目标，带领企业和员工迈向更加美好的明天吗？

- 我们是否能够找到满足客户需求和实现盈利的好主意，**对业务进行准确定位**？还有一点越来越重要，那就是我们是否能够恰当地对业务进行**"再定位"**？
- 我们是否能够先于其他人**察觉市场变化趋势**，预见引领变化，使企业处于优势地位？

- 我们是否知道如何**领导团队合作**，让合适的人以合适的方式团结合作，做出更好、更快的决策，实现更好的业务成果？

- 我们是否善于**培养领导人才**，能够根据事实和观察发现他们的最佳才能，实现良好的人岗匹配？

- 我们是否能够让能力高强的领导者虚怀若谷，与他人进行良好的合作，**打造一支真正的团队**？

- 我们是否善于**设定正确的目标**，知道如何在企业应该达成和能够达成的目标之间实现平衡，而不总是看着后视镜，不断进行事后纠错？

- 我们是否能够**专注工作重点**，确定实现目标所需的资源、行动和精力？

- 我们是否能够创造性、积极地处理与社会各利益团体的关系，回应**社会压力**？这些社会压力虽然不在我们的控制之下，但会显著影响我们的企业。

掌握这些核心领导技能将帮助领导者对任何形势做出正确的判断，采取恰当的行动，走出自己擅长的舒适区，提升领导技能，为应对新的情境要求做好准备，而不只是做自己一向擅长的事情。

但是，核心技能并不是相互孤立的。有各种各样的因素阻碍人们做出合理的判断和采取有效的行动。**这就是个人特质、心理、情感对领导力的影响**。但是，与其努力界定和运用理想的领导特质，不如聚焦于一个简单的问题：我们的个人心理和认知能力如何影响我们培养和使用核心技能。例如，察觉外部变化趋势的核心技能可能受到我们是否善于把各种孤立的点联系起来的能力的影响，同时也受到我们在内心是一个悲观主义者还是一个乐观主义者的影响。

在现在和未来最具挑战性的商业环境中，领导者的 8 项核心技能是领导者必须具备的能力。它是企业盈亏、资金运用、资源分配、生产率和客户满意度的基础，同时也永远不会忽视"领导者也是人"这一事实。

下面，我将列举我观察到的两种情形来阐释是否拥有这 8 种核心技能的区别。

我在案例中隐去了高管和公司的名字，但这些都是我经历过的真实案例。这是两个 CEO——尼克和比尔的故事。尼克具备人们通常认为的领导者的所有特质。他思维灵活、精力充沛、表达清晰、果断坚定，他拥有一种魅力，让我们觉得房间里只有我们在和他交谈。他是财务奇才和有号召力的领导者。比尔也具有很多这类特质，但是他同时拥有我们所说的"核心技能"。他们的故事大相径庭。

尼克

尼克所在公司的董事会正忧心忡忡。这家公司在美国业内保持了数十年的领先地位，但 10 年前，一家飞速发展的竞争对手超越了它，取代它成为了行业的领导者。公司的市场份额一直被这个日益强大的竞争对手夺走，原因主要有两个：其一是顾客的不满意和流失，其二是经营问题带来的高成本和糟糕的现金流。前两任 CEO 都一败涂地，现在董事会又开始尝试寻找新的人选。招聘工作由业内最好的猎头公司来帮助完成，他们详细地罗列了候选人必须具备的条件。这次董事会必须找到合适的人选。

尼克面试的时候，董事会的招聘委员会把他看作公司的救星。他行动迅速而富有成效，有领导风范，极善于沟通。他在之前的工作中晋升很快，但依然谦逊、真诚。尼克具有财务背景，在一名董事询问其他方面时，他坦率地承认自己在运营管理和供应链管理这两个对企业发展十分重要的方面还需要学习，并承诺会挑选这些领域顶尖的人才来辅佐自己。

44 岁的尼克身体健康、精力充沛，还散发着一种超越他年龄的成熟魅力。他看起来是个梦想家，满怀激情地要使公司重铸辉煌。他充满自信，也足够年轻，有足够的时间完成这一使命。所有严格的审查都证明他确实拥有这些优点。

当董事会宣布对尼克的任命时，华尔街为之振奋，商业媒体也争先恐后地进行报道。员工们每次听完尼克的激情演说后都信心倍增，大家都感到公司得救了，这位 CEO 将带领公司再创辉煌。

就像他的个性所显示的，尼克迅速接管了公司并做出了几项大胆的举动。他在通知董事会后向公众宣布，他打算迎面直击，从公司最大的竞争对手那里夺回市场份额。几周之后，他从竞争对手那儿挖来一个事业部总经理担任总裁，换下了在公司内部成长起来的原总裁，新任总裁据说擅长运营和供应链。他还将曾与自己长期合作的信息技术顾问任命为 IT 部门副总裁，并对 IT 部门进行了很大的调整。因为公司最大的竞争对手在这方面已经领先很多。

大家的兴奋确实持续了一段时间，但很快对尼克的赞誉就终止了。尼克之前的 IT 顾问，即现在的 IT 部门副总裁，一直以来的工作是给公司提供建议，告诉他们怎么做，但自己从来没有亲自做过。由于她缺乏经验，不知道怎样激励一个由高智商、独立性强的技术专家组成的团队，IT 部门很快就完成不了工作进度要求。她不得不在一年中数次向尼克求助，要求增加 IT 部门的预算。

与此同时，那位挖来的新总裁建立起了自己的亲信圈子，从竞争对手那里挖来了许多他从前的同事。他们一起开始了一项雄心勃勃的行动，要通过大宗采购从供应商那里得到折扣。这样做的目的是降低产品价格，从而从对手那里赢回市场份额。当然，最大的竞争对手迅速回应了这个新战略，在对尼克有战略意义的地区，对某些商品进行了打折。价格战确实对竞争对手的利润造成了一点影响，但竞争对手实力十分强大，降价幅度对他们净利润的影响十分有限。不久，尼克就发现他们的商品已经开始积压。一段时间后，这些产品开始过期，不得不大幅降价，以远低于成本的价格出售。更糟糕的是，大宗采购和建立库存占用了维持运营的大量资金。

公司的财务总监越来越开始担心公司的现金状况。他曾多次提醒尼克，新总裁未经审核的大宗采购将会危及公司的生存，现金已经降到警戒水平；如果这个趋势再不扭转的话，公司将很快无法按时还贷。随着财务总监的警告变得越来越严厉，尼克也越来越愤怒。最终，他斥责财务总监没有支持公司的目标，必须离开公司。

结果显而易见。一天，公司的一位关键董事接到了给公司发放贷款的银行总裁的电话，一切都结束了。银行将在第二天正式宣布该公司违反了还贷合同。董事会命令尼克解雇这位新总裁，然后经过数周与借款人的谈判，公司开始申请破产保护。尼克很快就被撤换掉了，这个公司现在仍然在窘境之中挣扎。

这一次，董事会又搞砸了。他们都被尼克的外表迷惑了，没有抓住真正的领导的本质。董事们过于关注候选人的个性、智商和情商、激励他人的能力以及健康状况等。他们没有深入考察尼克是否具备对公司进行重新定位的能力，以及他对人的判断能力和组建有效的高管团队的能力。在这些方面尼克都是欠缺的，而这大大削弱了尼克的判断力和完成任务的能力。

尼克的失败都应该归咎于他自己吗？并非如此。毕竟，他没有欺骗任何人。实际上，他确实表现出了令人景仰和尊敬的品质，也完全达到了董事会给猎头公司的招聘标准。

我一次又一次地看到这种错误在各种组织的不同层级上演，从《财富》评选的排名前 100 位的 CEO 到事业部总经理、跨国公司的区域经理、高级职能部门（例如研发部和销售部）的领导者。

志得意满的领导者们在开始时都不会想到失败，但失败发生了。年轻人很快就学会了，要得到认可，他们必须做什么：高智商、敏捷的思维和领导气质，都可以给人以深刻的印象。随着时间的流逝，他们外在的领导特质日益圆熟，他们的上级也越来越欣赏他们。也许有些不可思议，但我们在讨论企业领导力时，似乎确实忽略了其中最重要的问题：这个人具备成功所需的核心技能吗？他是否能够培养这些核心技能，并随着经验的增加，持续磨炼这些核心技能？如果领导者能够自律地、坚决地、始终如一地、坚持不懈地培养这些核心技能，他们成功的可能性会更大。从这个角度讲，领导者是后天造就的，而不是天生的。

比尔

当另一家公司的董事会聘任比尔为 CEO 时，那家公司在过去的两年中收入平平，投资者渐渐失去了耐心，开始抛售股票。董事会面试了很多候选人。比尔当时 45 岁，是其中最年轻的一个，但也是拥有最多元化经验的一个。他曾为瑞士、墨西哥和美国的三家不同行业的企业进行成功的重新定位，但他最缺乏的就是这家公司基本技术方面的经验。

在比尔研究如何对这家公司进行重新定位的时候，他发现公司三个部门中的一个创造了公司 1/3 的营业额，却几乎没什么利润。而且，这个部门和公司的核心竞争力没有紧密关系。比尔评估了在不同细分市场中盈利的机会，然后放弃了这个利润很低的业务，将资源集中于剩下的几个细分市场中，并设立了一个新的部门来开发前沿的新产品，这是相对容易的工作。

更重要的是，比尔对不断变化的行业环境进行了深入调查，发现公司的主要收入仅仅来自全球范围内的 10 家客户。公司的技术来自德国，产品大部分在美国生产，但比尔看到这些客户的决策中心正在向日本和中国台湾转移。他是否应该重新定位公司，将研发和生产转移到亚洲？如果是，应该由谁来运营呢？如何克服语言和文化的障碍？无论如何，这样的根本性变化都将是十分困难的。比尔仔细思考了该怎么去做，把重点放在了行业产品的快速变化上。设计时间变得越来越短，价格也降得越来越快。公司在欧美的设计师和工程师都非常聪明和高效，但成本是中国台湾同行的好几倍。如果他要在产品推出 18 个月后将价格降低一半，就必须降低成本，这是问题的关键。公司的决策中心必须转移到中国台湾。

比尔的决定是对整个公司的重塑，是很有风险的。但是如果转型成功，这种变化的好处也将是显而易见的。公司可以更加激进地在这些选定的细分市场与对手展开激烈竞争，在成本和成本结构方面获得全球竞争优势，以更高的价值回报客户，并增加公司的市场份额和收入。比尔对这一决策的自信并不是装出来的，而是根植于他重新定位公司以实现盈利的核心技能之上的。他善于听取意见，愿意做深入的调查研究，相信如果能提出正确的问题，就能找到正确的答案。

比尔还拥有准确判断他人的核心技能。在比尔进入公司时，该公司已经是一个具有多元文化的组织,运营放在德国和美国,销售放在中国台湾和日本。在加入公司之前,他从没见过下属团队的成员,但此时他必须要决定他们之中的哪些人适合到亚洲去工作,哪些人能够缩短产品周期并降低生产成本。

在选定实施变化计划的人选后,比尔必须要确保他们能够作为一个团队共同工作,即便他们的语言、文化、专业、地域和所处的时区都各不相同。为此,他安排了每周一次的国际电话会议,即所谓的"共同解决问题会议",从而创造了团队内部同步、深入沟通的工作机制。此外,还有每月一次的碰头会。这样的会议安排能将所有相关人员聚集在一起,讨论手边需要协调和平衡的最新事务,以及需要采取哪些行动、由谁来完成、后续工作怎么做等。

所有这些行动背后的根源,是比尔"洞察外部环境的变化"的核心技能。这种变化要求缩短研发周期,确保即使在产品推出后18个月将价格降低一半,也能保持公司的盈利。由于始终坚持这些目标,他得以成功地对公司进行重新定位,从而实现收入和利润的快速增长。即使是在2001～2002年全行业都一片低迷的情况下,比尔公司的股票依然保持了上升。

尼克和比尔截然不同的故事可以总结为一点:比尔清楚自己在做什么,而尼克则完全不是。在当前变化快速、经营透明的外部环境中,缺乏核心领导技能的领导者很快就会被发现,但他们在其间造成的损失可能会带来更大的影响。丧失机会或没能及时消除威胁都会摧毁一个公司,在判断他人、组织能力或设定目标上的失误同样如此。

卓越的领导者会像打造一件艺术品一样，学习、实践、磨炼和提高这些核心技能，直到它们成为自己的本能。熟能生巧，就像在运动场上，训练少的运动员肯定不如勤于训练的运动员，不实践这些核心技能的领导者，肯定不如那些进行过实践的领导者高效。商业核心技能不是学校所能教会的，培养这些核心技能不是件容易的事。但经过长时间大量的实践后，这些核心技能将成为自发、卓越的本能，同时，我们的判断能力也会得到提高。如果在各种新情况出现的时候，我们能在正确的时间，以正确的方式使用这些核心技能，我们就变成了一位精通者。就像迈克尔·乔丹知道在篮球场上如何跑位，泰格·伍兹知道如何根据不同的场地调整高尔夫球杆的挥杆角度一样。期望每个领导者在各项核心技能上都很出色是不现实的，但领导者需要对每项核心技能有一个基本的了解，以便了解自己的优势和弱项在哪里，以及自己需要他人哪些专长的支持。

把核心技能与个人完整地联系起来

关于与领导力相关的个人特质是天生的还是后天习得的，人们的争论由来已久。争论本身不是重点。在我们 25 岁左右进入职场的时候，我们主要的个人特质、心理结构和思维模式已经基本形成，不管这是不是我们天生具有的。但是，这些对我们的影响是有限的。即便我们的这些方面看起来很符合领导者的特征，我们也可能成功或失败。从这一点来看，我们获得持久的成功的能力，依赖于培养和练习那些必要的核心技能，同时完善我们已经具备的个人特质。核心技能与个人特质相得益彰。例如，成功地洞察外部变化、对企业进行重新定位的核心技能会增加我们的信心，并可能让我们在下一次变得更加果断。有了更大的信心，我们会对相互矛盾的观点持更开放的态度，从而拓宽我们的认知视野。认知视野的拓宽又有助于我们洞察外部趋势。这就是练习核心技能之所以重要的原因。核心技能的练习需要通过一系列精心设计的、具有适当挑战性的工作任务，结合对个人特质的自我反思来进行。这就是造就领导者的方式。

让我们以莉兹的故事来展示领导者是如何炼成的。莉兹现在是一家世界 500 强公司的一位高管。她在职业生涯的初期，曾经全面负责一个产品线的盈亏，直接向一家小公司的老板汇报。她很早就因数字能力、判断能力和分析能力给老板留下了深刻的印象，但在对业务进行定位、发现外部环境的趋势方面，她的能力是欠缺的。这是因为她对到市场中与顾客见面缺乏热情。当老板逼着她打了一些销售电话后，她开始认识到一直阻碍自己的是什么：她心里有一种模糊而真实的恐惧，担心顾客会因为她的年轻和相对缺乏经验而态度不佳，还担心他们问她不知道的问题。

莉兹非常上进，经常加班，出于强烈的成就动机，她经常对人做出草率的评价。如果某个直接下属不能胜任工作，她就会炒这个人的鱿鱼。她的行为制造出一种恐惧的气氛，因此阻碍了信息的交流，特别是坏消息的传播。这时，她的老板又一次充当起她的导师，告诉她如何通过提问了解问题产生的根本原因。造成糟糕绩效的根本原因是什么？是这个人的错，还是市场本身的变化所致？也许这个问题员工只是从事了不适合他的工作，他的才能可以在企业的其他岗位得到更好的发挥。

随着她的职业生涯的发展，她开始被委以一些需要进行业务重新定位的工作。在艰难地应对这些挑战的过程中，她的思维得到了拓展。她已经能够看到这个产品线的整体商业图景，也变得更善于洞察外部环境的趋势。每一次成功都使她更加自信。

在另一家较大的公司工作了 10 年，经历过其他许多富有挑战性的工作之后，她目前在这家世界 500 强企业中领导着 6 个部门。她的初期经历不仅提高了她的核心技能，还让她认识到阻碍她发展的个人特质，并磨炼了一些能增加她的优势的个人特质。

现在她已经不再担心对部门经理提出尖锐问题时他们的反应了，因为她知道，她的提问有助于他们能力的提高。挖掘细节的能力和意愿使她加深了对业务的了解，同时提高了目标设定和业务重新定位的能力。她能够观察和评估他人的个性特质，例如他们是否甘冒风险以抓住新的机会来创造增长。她还会考察人们的认知视野，例如他们是否善于把不同的点联系起来，洞察外部环境的变化；他们对业务进行重新定位的敏感性如何；他们习惯于进攻还是防守。

像所有的成功领导者一样，她持续学习，善于自我觉察，能够反思自己的经验和观察，提炼与融通平生所学，将想法转化为行动。由于负责 6 项业务，她有大量的机会，通过与各个部门的互动，进行丰富的观察。她对人、业务定位以及目标选择的判断力都在不断提升，所有这些都为她成为成功的 CEO 奠定了基础。

能够影响领导力的个人特质有数十种，但以我多年的经验来看，领导者建立和运用这 8 项核心技能，特别受到其中一些个人特质的影响，包括**雄心抱负、内驱力和毅力、自信、开放的心态、现实主义和虚心好学**。

这些个人特质通过许多方式表现出来。例如，我们是喜欢独自思考决策，还是喜欢与可信赖的顾问进行坦诚的讨论后再做决定？我们允许他人影响自己吗？当下属提出更好的意见时，我们愿意改变立场吗？我们是那种在做出决策前需要尽可能多的数据、尽可能多的确定性的拖延者，还是那种冲动、凭直觉快速决策的人？我们喜欢被人喜欢吗？我们的个性和心理对我们与同事的沟通影响巨大，不管我们是会将自己的意志强加给组织，还是会寻求达成一个富有成效的共识，将整个企业与我们的目标联系起来。

雄心抱负（ambition）——一种想要成就某事的渴望激发着领导者个人或公司努力发挥其潜能。领导者需要有适度的雄心抱负来推动自己和他人前进。但雄心有时也是盲目的，例如，有的领导者会进行财务上不合理的大胆并购，或设定华而不实的目标，或是出于什么都想做的渴望，超越组织的能力范围去专注于多个工作重点。过于争强好胜，缺乏诚实正直，将导致不恰当的行为和腐败。

内驱力和毅力（drive and tenacity）——一些领导者拥有一种内驱力推动他们深入问题的核心，找到解决方案。他们会不断钻研，不达目的誓不罢休；他们充沛的精力很有感染力，会在整个组织中坚持不懈地推动重点工作。他们不厌其烦地搜寻必要的信息，不断调整心智模式达到最佳状态。但是，内驱力和毅力也可能使领导者执着于一个行不通的计划、一些过时的假设，或是一项没有愿景的投资。

自信（self-confidence）——领导者必须能够聆听自己内心的声音，承受做出重大决策时的孤独。领导者必须讲真话，果断行动，知道自己可以承担后果。这不是装出来的坚强，而是发自内心的，有时候被称为"勇于担当"。内心的恐惧和不安全感会损害核心技能的建立，就像过度的自信会导致自我陶醉或傲慢一样。

有些领导者**需要被人喜欢**，因而倾向于对人随和。对于他们来说，最艰难的事情是开除那些对他们忠诚的人。这样的领导者往往发现他们的进步变慢了，因为他们以错误的理由提拔员工，纵容绩效糟糕的人，让组织的关系体系变得腐败。

害怕坦率反馈也是一种常见的现象。这样的领导者往往倾向于避免冲突，或对他人的绩效和观点提出挑战。当他们需要残忍地给出诚实的反馈时，他们会退缩。有时，会由第三方来为他们做这个工作。

害怕失败的领导者通常优柔寡断、保守、难以发现机会，因为他们习惯于规避风险。他们发现选择目标很困难，因为害怕做出错误的选择；在将外部环境中的点联系起来或对业务进行重新定位方面，他们往往速度过慢。

自信也会影响领导者对权力的使用或滥用。每个领导者在安排任务、分配资源、选择或提拔人员时都必须运用权力。过度害怕失败或者害怕坦率反馈会让领导者无法自如地使用权力，或者无法适当地使用权力。例如，如果无法处理不服从的下属，就会削减领导者的权威。另外，自我陶醉的领导者往往滥用权力、无理性地使用权力或违反组织利益地使用权力。

开放的心态（psychological openness）——愿意接受他人的影响，开放地和他人分享自己的想法，有助于提高这些核心技能，而心态封闭则会造成问题。心态开放的领导者会寻求不同的意见，这样他们就可以收集到更大范围的信息来进行决策。他们的开放会影响到公司的氛围，促使大家坦诚相见、自由交流。而那些心态封闭的领导者总是表现出神秘的样子，害怕自己的想法受到检验，经常以机密为借口掩盖这种恐惧。他们通常与直接下属保持距离，也没有其他人会向他们提出不同于他们的想法的建议或信息。在当今复杂的环境下，封闭的心态会使业务的重新定位变得非常困难，因为领导者缺乏来自不同专业、不同职能、不同文化的视角。

现实主义（realism）——现实主义界于乐观和悲观之间，向某一方倾斜的程度会在很大程度上影响领导者应用核心技能的效果。例如，乐观会使领导者制定超出公司实际能力的宏伟目标，或是折中领导者对员工的判断力："我知道他过于自我，但可以通过训练让他成为优秀的团队成员。"而悲观的领导者不愿听那些宏伟的计划或大胆的方案，在听取计划或方案时，他们总是能找出实施这些计划或方案的问题或风险，他们很容易错失机会。而现实主义的领导者对真实发生的事情总是持开放的态度。只有现实主义者才想得到没有经过过滤的信息，以便进行权衡、判断、评估和检验，以决定下一步该做什么。他会花时间与客户、员工和供应商交流，获取信息并"感受"他们的想法。

虚心好学（appetite for learning）——领导者经历越多的复杂情境，其核心技能提高得越快，所以，渴望新挑战非常关键。不断寻求新的经历并善于从中学习的领导者会更快地提升自己的核心技能。

有一点很重要，我们要理解这些个人特质之间是相互影响的，同时个人特质与核心技能也是相互影响的。这些个人特质一旦过度，就会产生阴暗面。例如，过于自信加上过度的内驱力会导致自我陶醉、过于好胜，以及不信任他人。如果再加上心态封闭和过度乐观，那我们肯定听不进任何人对我们说的坏消息，或是修改我们的计划的建议了。

毫无疑问，发展这些核心技能都需要有一定的智商，但最优秀的领导者还具有超出聪明之外的独特的认知能力。他们的思维包含从概念思维到具体思维的不同高度；他们拥有宽广的认知视野，意味着他们善于全面地看问题；他们善于重构问题和事件，从不同的视角看问题。

培养宏观思考和微观思考能力非常重要——从 5 万英尺[⊖]的概念思维的高度，到小虫子的微观视角，要善于探询一个情境中杂乱无章的细节。在我们职业生涯的初期，必须聚焦于工作中的细

⊖　1 英尺 =0.3048 米。

节。随着职位的晋升，我们会越来越关注大画面和大概念。但如果两方面都能做好：既能宏观思考概念，也能微观挖掘细节，我们对核心技能的使用会更出色。具有这种能力的领导者善于提出切中要害的探究式问题，发掘隐藏的关键假设，并能够将问题化繁为简。许多领导者喜欢宏大的想法，但无法将它们与具体的实施方式和盈利方式联系起来。他们的问题广泛，但往往没有什么深度。另一方面，一些领导者又过于关注细节，只见树木不见森林。这两种极端都是有害的。

宽广的认知视野让我们可以吸收广泛的信息，将事物放在更大的背景中来看。我们能够了解更多的复杂情况，看到它们相互之间的联系。我们更可能抓住影响我们业务定位，并创造新的增长机会的外部趋势；我们更能够全面地看待业务及其系统，而不是只看到不同的职能、部门或个人。

持续重构可以提升核心技能，帮助创造一种对问题、人或现象的更全面准确的看法，并创建更多的替代性选择。通过重构，我们可以以不同的方式定义问题，找到创新的解决方案。例如，通过重新构建我们对一个表现不良的员工的看法，找到适合其才能的岗位，可以最终把这个问题员工变成优秀员工。重构可以帮我们了解某些利益群体是怎么看待我们的业务的，以及华尔街将如何回应我们对目标的选择。

关键点在于，了解哪些人类特性在阻碍我们准确地感知事物、做出合理判断或采取有效的行动。清除这些障碍，扩展我们的认知视野，这对核心技能的提升至关重要。

核心技能的由来

我的商业经历是从我在印度老家的鞋店开始的。在那里，我以一种本能的方式，开始了解到从事商业活动的核心技能。最基本的一课就是，如果一天下来柜台里没有现金，餐桌上就不会有吃的。对现金流的高度警觉，让我开始关注顾客都买了些什么、为什么他们要在我们这里买、如果东西卖不出去该怎么办等。所有这些问题构成了我的商业智慧的一部分，成为思考和决策的一个简单的核心。

在印度获得工程学位之后，我前往澳大利亚发展自己的事业。后来我在澳大利亚最大的公司之一的制图部门当助理工程师，这期间我有机会接触到这家公司的研发高管，他邀请我到他的办公室谈谈这家公司。我问了他一个很无知的问题，而他很友善地花时间为我解答。他知道我获得了工程学位，但不知道我初期对现金流和商业盈利的痴迷。虽然当时我只有 20 岁，但我已经读过了这家公司的年度报告。让我困惑的是这家公司产生的现金收入少于它支付出去的红利。我很犹豫要不要问这个问题，因为这是一个由初级制图人员提出的一个财务问题。但是，他让我放松下来，说我可以问任何我想问的关于公司的问题。于是我问他，公司是否在借钱向利益相关者支付红利。他看起来很震惊，从他的椅子上跳起来向我走来，脸上的表情仿佛在说："你怎么敢得出这种结论！"这种情况他从来没遇到过，他看起来如此震惊，我心想我恐怕要失去这份工作了。他是一名科学家，不知道这个问题的答案，但是他是一个心胸豁达的人，他拿起电话，给首席财务官打了个电话验证我的判断。支吾了一阵后，首席财务官证实，事实正是如此。

在接下来的 4 年里，每隔两周我们之间都会有一个 4 小时的问答会。一个在印度小镇长大的孩子，英语很差劲，对澳大利亚一无所知，我们可以想象，这样的机会对他意味着什么。那位研发高管对我的开诚布公，帮我强化了关于大公司盈利的核心技能，并最终让我放弃了工程工作，去哈佛商学院继续学习。这些谈话打开了我的眼界，让我认识到组织盈利问题的广度、深度和复杂性，及其与我家鞋店的经营的相似与不同之处。这也激发起我的兴趣，去探寻领导者成功或失败的根本原因。在这个问题上，受过什么教育好像并不重要。例如这家公司的一位领导者没有受过多少正规教育，但却非常成功，而另一位来自哈佛商学院的"贝克学者奖"获得者却失败了。我常常听人们说，"这个人是天生的领导者"或"她很有领导者风范"，然后这所谓的"天生的领导者"却犯了许多错误，而那些看起来默默无闻的领导者却很清楚自己在做什么。从那时起，我的职业生涯的很大一部分就是在探索成功领导者的核心技能。

在过去的 45 年中，我的工作方法，即通过对事件发展的实时观察来进行研究，得益于我在澳大利亚的经历。我的研究涉及数百家公司，特别重要的是我和其中一些公司的合作关系持续了很多年。其中，有十几家公司，我担任顾问达 10 多年，还有一些公司甚至持续了几十年。作为许多重要的高管会议或讨论的观察者和引导者，我得以跟踪领导者的行动和决定，观察他们的行为。结果的呈现通常会有些滞后，但由于我在那里的时间很长，我能够看到这些决策对公司总体的长期和短期财务状况、运营状况的影响，而不会被一时的表现和领导魅力蒙蔽。我长时间近距离参与，让我可以看到，在那些财务数字往往无法揭示的方面，领导者是否让公司变得更好了。

因为有机会看到很多业务的形成、试运行和检验，并看到最终的结果，这些企业成为了我理解领导实践的因果关系的一个现场实验室。此外，很多公司几次经历了领导层的变动，这让我对不同领导人的行为方式有了更深的了解，也加深了我对因果关系的认识。

因此，关于领导者"核心技能"的研究是动态的。而传统的研究通过问卷和访谈进行，往往是静态和回顾的。对公司的观察只是在某个时间点的观察。在一个静态的框架中，领导者可能曾经做出过引人注目的显著成就。但领导一个企业是一个持续的过程，在这个过程中，领导者必须在不断变化的条件下，不断做出决策和采取行动。事后的研究给了受访者一个机会重写历史。通过不同参与者的不同视角对事件进行重构，可以创造一个关于事件的更完整的图景，但是做起来是不切实际的。

领导力是一种复杂的能力，因为它会受到许多因素的影响。我所做的是，观察复杂的情境与其中的很多变量，去掉不可控的变量，然后提取出胜任的领导者与不胜任的领导者之间的本质差别。在此过程中，我们建立了一个领导者可以使用的能力框架，能够做到这一点是因为这些优秀的公司和领导者让我参与其中，并与我分享他们的观点和看法，这一切都是建立在我们彼此的信任之上的。这些便利条件让我能够发现造就领导者成功的背后因素。通过研究，我建立起了一套更加完整的领导力理论，这套理论确定了商业的核心技能，解释了这些能力如何与领导者的个人特质、心理导向和认知结构相互影响。

在我的研究过程中，我查看了通常衡量领导者成功的财务和量化标准，也考虑了许多无形的因素，例如领导者是否通过建立领导梯队或者发展新的组织能力以强化组织。我放弃了许多对于成功的传统解释，它们也许有统计学上的相关性，但是很少显示因果关系。这帮助我看到了商业成功的内在基础，并形成了构成本书领导者的 8 项核心技能。

让我们开始理解和培养领导者关键的核心技能的旅程，并了解个人特质如何帮助或削弱核心技能的培养。我们已经了解了当今世界变化的速度和频繁程度。我们很可能需要定位和重新定位的核心技能，以便在这个不断变化的世界，使企业建立在一个坚实的基础之上。通过学习这 8 项核心技能，我们将看到，个人特质如乐观主义、悲观主义或过度的雄心会如何影响我们对企业定位和再定位的判断，这是第 2 章的主题。

第2章

核心技能之一：准确定位业务

一家公司这样宣传新产品："我们为 LaJolla 高级纯天然有机营养宠物食品设定的愿景是，为我们心爱的动物伙伴提供高品质的、与人类同标准的食品。毕竟，我们都是生命之路上的旅伴。我们的战略是建立在充分的市场分析的基础上的，一定会取得成功。"

结果：狗并不喜欢吃。

定位是我们业务发展的核心，也是业务能否盈利的基础。真正检验我们的定位的是这个现实的世界。如果人们喜欢我们提供的产品，并且我们能以有利可图的价格卖出去，那我们就能盈利。如果他们不清楚或不喜欢我们公司提供的产品，我们就无法盈利。换句话说，如果狗不喜欢我们提供的狗粮，那我们就失败了。但是，即便我们的定位在今天是盈利的，它也很可能在明天无法盈利。定位不是一劳永逸的，当今世界的变化是频繁、深入而剧烈的，这意味着我们必须不断地塑造和重塑我们的企业，使它适应这种不断变化的环境，实现我们的盈利目标。按照我的判断，在 40 年的职业生涯中，大多数 21 世纪的领导者都将必须对他们的企业进行四次或更多次的定位。这包括做出基本的决策、什么应该增加到业务当中、什么应该取消，也包括发现利润增长的新机会，对市场重新进行细分以及决定采用哪种新技术。在本书出版之际，很多大型企业都已经将重新定位提上议事日程。

对业务进行定位和重新定位是 21 世纪领导者最重要的核心技能之一。本书的 8 项核心技能都很重要，但定位能力是领导者必备的第一能力。没有准确的定位，企业的根基甚至会瓦解。

案例：百货业的再定位

在日常生活中，我们很容易就能找到市场定位的例子。也许我们也和数百万顾客一样，每周光顾沃尔玛（Wal-Mart）和塔吉特（Target）。相信大多数的顾客知道自己选择某个零售商的原因。到沃尔玛是冲着低价格去的，而到塔吉特是因为在那里可以以合理的价格买到稍微高档一点的商品。顾客、员工、投资者和普通大众都很清楚沃尔玛和塔吉特能够提供什么。沃尔玛的核心定位是尽可能以最低的价格为顾客提供品种齐全的优质产品，其运营特点就是不断降低从供应商到顾客之间的产品总成本，让利给顾客。从一个店面起家，到现在，沃尔玛已经在全世界拥有 6198 个分店（根据 2005 年年报显示）。在长达近 50 年的发展历史中，沃尔玛的定位背后的核心理念进行过两次调整。第一次是地域扩张，从乡村转移到城市，和当时的强敌凯玛特（Kmart）、西尔斯（Sears）、杰西潘尼（J. C. Penney）进行竞争；第二次的定位调整成为增长的主要推动力，即利用它在供应链、信息技术和大宗采购方面的优势打入百货零售市场，赢得了更大的市场份额，事实上，沃尔玛成为美国最大的百货商店。

相反，塔吉特则采取了一种不同的定位。它定位于比沃尔玛高一个档次，有更好的店面装饰、更高的顾客满意度、更上乘的商品质量和更高档的品种。虽然塔吉特的价格并不是最低的，但它在不同方面给顾客增加了价值。观察当前人口结构和顾客类型的变化，展望未来，预测这两种定位中的哪一种会更成功，这会是一件很有意思的事情。

沃尔玛在过去 50 年的定位如此成功，它的创建者恐怕做梦也没有想到。从营业收入来看，沃尔玛已经是世界上最大的公司之一。它在运营层面上具有很强的适应力，随时可以在这里换一种商品，那里换一个店面。但是现在，这片商业图景上已经出现了一条裂缝。在过去 5 年间，沃尔玛的销售额同比增长（开业 1 年以上的店铺年销售额增长率）非常缓慢，实际上，他们的销售额增长率常常比塔吉特要低。沃尔玛的管理层似乎从中追溯到了一个更大的问题。许多消费者的收入增加了，因而他们更愿意选择比沃尔玛提供的商品更高级、更有品质的产品。即便他们会从沃尔玛购买很多家居用品，但他们还是愿意到别的地方，例如塔吉特去买衣服或是其他的时尚用品。同时，沃尔玛也面临着给员工提供更多福利的压力。这将增加成本、降低利润，让传统的盈利模式处于风险之中。

在 CEO 李·斯科特（Lee Scott）的领导下，沃尔玛采取了许多重大的举措重新定位业务，尝试用新的经营理念来吸引收入相对较高的消费者，这包括提供高档红酒以及在时尚方面采取了许多重要行动。沃尔玛在《时尚》（Vogue）杂志上刊登了 8 页的广告宣传他们的服装产品，在纽约举办了一场时装秀，在远离阿肯色州班顿维尔市的曼哈顿时尚区开设了一个办公室，并聘用了一名塔吉特的高管进入沃尔玛的高层。沃尔玛从过去要求陈列尽可能多的商品，转变为服装类商品的陈列要使取用更方便、陈列更美观。

但是，这也带来了一个新问题，这种既吸引较高收入的消费者，也吸引传统消费者的新定位，是否有让沃尔玛的品牌形象模糊化的风险？而且，即使沃尔玛对消费者的判断是正确的，并且也找到了一种适合新定位的盈利模式，他们能够改变其 140 万员工的能力和心态吗？

毫无疑问，塔吉特的领导层此时正像鹰一样紧紧盯着沃尔玛。如果沃尔玛的重新定位获得成功，塔吉特的相关定位也会相应发生改变。

沃尔玛面临的挑战，除了通用汽车公司外，几乎没有哪家公司可以比拟。沃尔玛的股票一直很低迷，且一直受到媒体和特殊利益集团的攻击，它的业务模式正面临风险。如何处理这些复杂状况，并找到一种简单易行的价值定位是对沃尔玛领导者认知能力的考验。在消费者、员工和其他利益相关者的心目中，建立清晰、专一的定位，对公司来说是第一位的事情。

在一个相对稳定的环境中过于频繁地改变定位（有时是由公司领导层的变动造成的），对于消费者来说，会造成公司价值定位的永久性模糊。拿西尔斯举例，以前，消费者很清楚可以从西尔斯买到什么，它的竞争对手是谁、它通过什么手段竞争。但是，随着竞争环境的变化，它的定位变得模糊了。在 20 多年的时间里，西尔斯处在一种身份危机中，业务定位变幻莫测，使得人们搞不清楚它的价值定位是什么。

当顾客一开始热衷于光顾打折零售店时，西尔斯连续几任CEO 尝试了一种又一种定位。在 20 世纪 80 年代初期，西尔斯开始了金融服务业务；然后在 90 年代初期，又剥离了金融服务业务。有一段时间它关注于"软产品系列"，例如衣饰；后来又转到了器械工具这些"硬产品系列"。它曾试图建成一站式购物的大型购物中心，后来又设立专门的家具和五金店。1995 年，它曾关闭了已有百年历史的目录邮购业务，然后又在 2002 年通过收购兰迪士·安帝（Lands' End）重返目录邮购业务。它曾重点强调旗下自有品牌——Craftsman、DieHard 和 Kenmore，后来又开始强调"西尔斯"这个品牌。2000 年，新上任的 CEO 阿兰·莱西（Alan Lacy）在《华尔街日报》的一次访问中，承认了西尔斯的定位之困。他说他难以回答消费者这样一个问题："为什么我要到西尔斯，而不是塔吉特去买东西呢？"这正是问题所在。这是一个我们必须时刻知道该如何回答的根本问题：我们给顾客提供什么？相对于消费者的其他选择，我们的优势是什么？我们如何从中盈利？要实现企业的蓬勃发展，领导者需要对这些问题给出高度清晰、明确的回答。

重新定位的核心技能要求领导者始终对初期的警示信号保持警觉并加以正确的解读，不管它们表明市场变化的出现是一种反常现象、一种机会，还是一种威胁。例如，当顾客对我们的光顾减少，初期的警示信号就出现了，想想通用汽车收缩的市场份额吧。当沃尔玛和塔吉特的销售额蒸蒸日上时，西尔斯的销售额却停滞不前，这就是一个明显的警示信号，说明西尔斯需要重新检查它的定位了。这就像对报纸和杂志而言，广告收入的下降是一个明显的警示信号一样。

另一个初期的警示信号是，盈利指标中的一个或者多个开始下降，或者相对于竞争者来说达不到预期。这时候我们就该检查真正的原因和后果：是经济形势的原因吗？是因为相对于竞争对手，内部效率比较低？还是说，是时候在新的外部环境下对业务进行重新定位了？例如，个人电脑业务的毛利率在 20 世纪 80 年代是 35%，但到了 21 世纪初就变成了 18% 左右。这对像 IBM 这样的公司来说，是盈利基础的重大变化，也是一个不可忽视的信号，说明外部环境正在发生变化，个人电脑产业垂直整合的竞争优势正在逐渐消失，市场空间正从硬件转变为软件。戴尔看到了这个机会，IBM 随后也看到了，其在个人电脑业务方面的定位不仅在收缩，而且再也没有恢复。最终，IBM 这个曾经的业界霸主，将它的个人电脑部门出售给了中国的联想集团。

当大环境突变

当外部的大环境发生突变时，定位和重新定位的核心技能就变得更加重要。这一点，很多行业都经历过。最近的一个例子是新技术，特别是搜索引擎的兴起严重威胁到了报纸业的根基。我们可以从自己的生活中发现这一点。如果我们走在上班的路上，经过报亭的时候停下来买一张报纸，例如《纽约时报》或《华尔街日报》。我们一定已经注意到了，这些报纸包括其他的一些报纸和杂志都变得比以前薄了，这是因为广告变少了。几十年来，报业的定位非常稳定和简单。他们的盈利主要来源于：报刊亭销售、报刊订阅和广告销售。可是突然间，这种稳定的模式被打破了。

风险投资（VC）的全部工作就是促成变化，他们投资了谷歌，然后这家公司做了以往不可能做的事：测评广告的有效性。当传统印刷（或电视）媒体的读者（观众）开始从其他的渠道获取信息和娱乐时，广告商必然需要新的渠道将广告发布给他们。谷歌给他们提供的不仅是一个完全不同的选择，而且是一个好得多的选择。广告商可以把广告链接发布到谷歌上相关关键词的搜索结果网页上，这样就可以把广告发布给真正对该产品有兴趣的人。通过追踪有多少人点击查看了该广告，谷歌给广告商提供了一个传统媒介不能提供的评测：到底有多少人确实看到了这个广告。当梅赛德斯（Mercedes）汽车在《财富》杂志发布广告时，它只能估算有多少人真正看到了这个广告，而因这个广告买车的人数肯定还要少得多。谷歌省去了估算的工作，给广告商提供了一种突破性的收益，客户也更愿意为这种收益支付费用。

在互联网公司取得成功的同时，也让报业集团的管理层阵阵发抖，因为整个大环境的变化是空前的。对于印刷媒体来说，问题已经不是收入以多快的速度增长，而是收入以多快的速度下滑。所以，报纸和杂志的盈利模式必须改变。这些行业的领导者没有别的选择，必须重新定位，问题是他们能以多快的速度抓住变化的本质，准确把握其内涵，并且能够毫无心理障碍地判断现实状况。

我们很容易理解，为什么很多人在一个行业中工作多年之后会产生心理障碍，看不到外界的趋势。举例来说，一个过度乐观、自信的资深报业领导者，在主要收入来源急速下滑时，将其视为一时的反常，认为这项业务只是在经历一个发展周期，指出在一些地区，例如西南地区，收入仍在上升。这样的过度乐观会使他看不到许多重要的因素，例如来自像宝洁公司这样的大客户的重要信息；宝洁公司将把广告预算的很大一部分从电视和纸质媒体转移到网络上。首先，我们必须要会识别这些信号，并以开放的心态捕捉和预测这些变化；其次，我们必须把这些点联系起来，以理解变化的深度和速度，并开始用我们的核心技能重新定位我们的业务。固守传统的盈利模式会给整个公司带来灾难性的后果，因为外部的力量已经让游戏规则发生了变化。

主要的报业公司都在挣扎，试图在新环境下找到出路。例如，发行《波士顿环球报》和《国际先驱论坛报》的纽约时报公司已开始大举进军互联网（它买下的网站 about. com 直到现在都在赔钱）和电视领域（它买下了一家数字电视网络的一半，命名为《探索时代》），但在 2005 年，其约 95% 的收入还是来自报纸及其网络版。

虽然《纽约时报》的旗舰报纸每年能创造超过 10 亿美元的广告收入，但在 2004 ～ 2005 年，燃料成本、印刷成本以及员工福利的增长超过了收入的增长。一位《纽约时报》的高管在《纽约客》上表示："亏损是迟早的事。"⊖

对报业及其他任何行业来说，定位就是要找到新的收入模式、收入来源以及持续盈利的成本结构。在重新定位业务时，必须从一个不同的、更广阔的背景来看待它。我们如何看待业务取决于我们的认知视野和个性——我们是进攻型还是防守型？我们会认为这只是老生常谈、不足为奇，还是认识到这次的挑战不同以往、势必非常艰巨？

例如，要改变报业的收入来源，关键是要知道报业的消费趋势将怎样变化（从什么变为什么）。消费者的消费方式将有怎样的变化——通过阅读报纸，还是看 iPad 或是手机上的新闻？读者是需要长篇的故事，还是需要在 60 秒内可以读完的故事摘要？这样的外部变化是快速且巨大的，因此这个行业的成功领导者需要有相当的认知视野，能同时从 5 万英尺的高空和从地面观察到问题杂乱无章的细节。另外，他们也需要有兴趣进行一些试验和必要的冒险来发展一些新的选择，根据消费者新的行为和新的细分市场对报纸进行定位。一些人会看报纸，一些人会用手机，而另一

⊖ 肯·奥莱塔，《遗产》，选自《纽约客》，2005 年 12 月 19 日。

些人会看电视；还有一些人实际上会使用不止一种媒介形式，例如可以从互联网上下载音乐，也可以通过电视欣赏音乐。我们怎样才能让消费者方便地获取我们提供的报纸内容并喜欢这些内容，同时让广告客户愿意使用我们的内容和渠道进入市场呢？报纸能够在多长的时间内吸引多少读者，从而吸引广告客户买单？选择什么样的合作伙伴、怎样的时机和行动，才能让他们把我们列为首选？成功的领导者总是在做这种心智锻炼。他们会用直觉、经验和事实来反复考量这些因素，并最终形成可行的价值定位方案。

定位是一个快速变化的游戏，随着参与者的行动和对彼此行动的回应而发生变化。只有时间才能验证报业中的哪些领导者具备这些核心技能、认知视野和个性，能够先发制人；哪些领导者会因被动防御，而陷入重重危机。如果领导者不按照正确的方向前进，或者不能迅速进行重新定位，华尔街和对冲基金会强迫他们前进，或是出售公司，就像奈特·里德（Knight Ridder）的案子一样，公司领导层眼睁睁看着它被出售给一个小公司——麦克拉齐（McClatchy）。可以想见，合并后的公司会进行重新定位，开启一个新纪元。

盈利的必要性

外界的各种变化和挑战会使我们头晕目眩。然而，检验定位正确与否的唯一标准就在于是否达到了我们的盈利目标。可能我们早就被那些繁杂的财务术语和奇怪的金融工具搞晕了，其中的本质其实十分简单。说到底，无论什么时候，每个企业，从《财富》500强企业到本地社区的一个小商店，要想长久生存，都要卖出些什么，赚得利润，收入的现金要比支出的多，赚的钱要比从他人（银行或股东）那里借钱所花的成本多。基本的盈利要素，如收入增长、利润、周转率、现金流、资产收入率等，对全世界任何地方的企业都是通用的，无论企业规模、类型如何。在不同的行业、不同的公司、不同的时间，这些数据的量值以及它们之间的相互关系是不一样的。掌握这些要素，能帮我们把握任何企业复杂的表象背后的本质。[⊖]

沃尔玛、通用汽车与所有公司具有相同的盈利核心要素，例如黑斯廷斯电气和五金商店（Hastings Electric and Hardware）。这家店属于阿卢希欧（Aluisio）兄弟，专门为纽约州哈德孙河畔黑斯廷斯（Hastings-on-Hudson）村的一个小社区提供服务。当然，大型公司的规模和复杂性要远远超过一家小店，因此，很难看清各种盈利要素之间的关系以及它们和企业定位之间的联系。阿卢希欧兄弟手边就拥有运转企业需要的所有信息。他们没有中层经理或是商业分析师，所以信息不会被过滤，复杂性也会大大减低。黑斯廷斯电气和五金商店的绝大多数顾客都住在以商店为中心、1英里[⊜]为半径的范围内，其中许多回头客都是兄弟俩认识的人。每天，阿卢希欧兄弟都要观察有多少人进入商店、停留了多久、在

⊖ 这些词语的解释见本章的附录。
⊜ 1 英里 =1 609.344 米。

寻找什么商品、买了什么。他们凭直觉认为顾客的购买行为对销售额（收入）、销售利润（毛利），以及货物上架时间（周转率）有直接影响。他们也知道利润和周转率会影响资产回报率（资产回报率＝利润率 × 周转率），存货会影响现金流，过多的存货会占用资金，而这些资金也许需要用于偿付别的账单。如果兄弟俩感觉到顾客不来买东西了，就会调整商品、价格和店面摆设，或与他们为数不多的供应商一起协商，不管用什么办法，也要把利润、周转率、收入、现金流和回报率保持在适当的水平上。降价也许能提高销售量，但会损害利润和回报率。

沃尔玛的高层领导者也必须要做同样的平衡工作，但不同的是，在沃尔玛要涉及数千领导者、多个管理层级和多个职能部门。关于顾客的信息来源于分布在各地的数千个零售分店，关于产品组合、采购量、销售价格的决策被授权给很多人来完成。虽然看起来复杂得多，但沃尔玛的领导者和黑斯廷斯电气的领导者一样，也必须了解收入、利润、周转率、现金流、回报率，以及外部变化如何影响顾客，这些都是赚钱盈利的核心问题。他们积极思考，寻找这些看似不相关的要素之间的联系，直到找出可行的方案。这不仅仅是个数字游戏，也不单纯是线性分析过程，一切都要在头脑中形成方案。对各种复杂的商业要素抽丝剥茧，并把它们与盈利模式相结合的能力，是成功领导者的核心技能之一。

大公司的高管必须要和阿卢希欧兄弟这样的小企业主一样行动迅速。当家得宝（Home Depot）在离他们几英里远的扬克斯

（Yonkers）开设分店的时候，阿卢希欧兄弟充分地预测到，公司的生意可能会受到不利影响，他们的盈利方式也会受到影响，于是他们改变了商品组合，提供一些更专业化的服务，例如电气、暖气、空调安装和维修等。

需要进行频繁定位调整的情况

百视达公司（Blockbuster）的案例表明，当企业经营的基础发生变动时，想要维持原有的盈利模式有多么困难。百视达受到的外界冲击来自好莱坞和新技术变化。变化频繁发生，3 任首席执行官都没能找到适应这种环境的正确方法。百视达以前的业务定位很简单，那就是向好莱坞购买电影录像带，然后租给消费者。这种定位在当时是正确的。20 世纪 80 年代末，录像机的价格已能为普通家庭所接受，因而迅速普及。电影院成了只有青少年才去的地方，许多成年人和家庭都选择在他们舒适的私人住所里看电影。百视达的定位也和盈利模式结合得很好：公司从分销商那里赊账购入录像带，顾客用现金支付录像带租金，其中的利润很高。百视达的高利润也吸引了维亚康姆公司（Viacom）的注意。1994 年，百视达被维亚康姆并购，成为它旗下的一个子公司。

20 世纪 90 年代中期，一些看似很小的外部变化开始影响到百视达公司曾经安逸的市场定位。好莱坞在出租录像带的同时，也开始向公众出售电影录像带。结果，许多客户都不再租借，而是直接购买。同时，卫星电视和有线电视也根据顾客需求开通了新的频道，提供影视服务。

认识到这些观看习惯的变化，百视达将公司业务重新定位为强调电影录像带零售，而非出租。从满足顾客需求的角度，这个决策是有道理的，但这对盈利的影响是什么？零售的利润要比出租低得多，他们很快就感觉到这个差别。收入增长放缓，现金流开始枯竭，利润率从 1994 年的 42% 下滑到 1995 年的 28%。百视达暗淡的前景拖累了它的母公司维亚康姆，使其股价急剧下跌。

百视达引入了一位新的领导者——比尔·菲尔兹（Bill Fields），他曾是沃尔玛的二号人物。百视达希望他具备重振公司雄风的核心技能。菲尔兹对百视达的重新定位是，将其建成一个在阳光、活泼的社区中心出售各种娱乐用品和便民用品的公司，这也反映出他的个人偏好。他认为，人们会到百视达去，不仅是去购物，还能感受社交的体验。可事实却并不如人所愿，菲尔兹定位的核心理念最终失败了，公司的盈利能力直线下降。他犯了一个错误，那就是按照个人的喜好定位公司。

下一任首席执行官约翰·安蒂奥科（John Antioco）又一次对百视达进行了重新定位，回到了原来出租录像带的核心理念上，但是要寻找一些创新的方法改善公司的盈利能力。他和好莱坞的电影工作室（他们也有自己的定位问题）协商，让他们降价出售录像带给百视达，而在出租业务上和百视达分享利润，这样百视达公司就可以在不进行巨大投资的情况下在货架上摆出更多新发布的影片。安蒂奥科的方法在一段时间里是有效的，但随着外界环境的继续变化，这种方式也慢慢不起作用了。一些新的技术抢占了他们的市场，例如 DVD、基于网络的影片出租，以及互联网下载。廉价 DVD 播放机的出现加速了人们购买影片的趋势。2003年，安蒂奥科宣布将大力推动影片销售，承认了外部环境的这种变化。这次重新定位让百视达公司直接参与到与沃尔玛和好市多（Costco）的竞争中。很不幸，这次重新定位也没有起作用，盈利能力继续下滑。

仍在寻觅摸索之中的安蒂奥科在 2004 年——好莱坞的外部环境再一次变化的时候，启动了在线租赁服务，同 Netflix（美国知名的 DVD 在线租赁网站）展开竞争。盈利的道路依然不怎么明朗。在同年年底，安蒂奥科对《华尔街日报》说："我们已经把百视达从单纯出租影片的公司变成了一个可以租借、购买、交易影片和游戏的地方，新的、旧的都可以，可以日租也可以月租，可以在店面也可以在线上完成交易。"好莱坞出于自身的利益，按照他们的要求帮助他们阻挡了来自电视的威胁：百视达有相当大一部分收入来源于 DVD 销售，因此它需要优先于有线电视发布 DVD。百视达在其中获得了好处。然而，在 2005 年的第三季度中，它的利润率、现金流和收入都相比 2004 年同期有所下滑。第四季度进行的成本削减，特别是削减营销成本，有助于利润的提升，但有损于收入。

2006 年，好莱坞仍然经受着其传统行业内部和外部的围攻。史蒂夫·乔布斯（Steve Jobs）联合美国广播公司（ABC）、美国国家广播公司（NBC）和一些有线电视公司采取行动，让人们可以在一些移动设备上收看节目，这将对百视达造成更深的影响。

2006 年 1 月，迪士尼公司重新启动了 MovieBeam 机顶盒项目。这是一种基于卫星技术的影视服务，可以用低廉的成本根据需求将影片从好莱坞工作室发送到电视机上播放，同时他们自己也发售 DVD。这对其他提供影视服务的公司，例如 Netflix 和百视达造成了直接威胁。这些动作都可能给百视达的盈利能力带来负面影响，并给其未来增添了更多的不确定性。

百视达的故事在每个行业类似的公司中都在发生，它说明定位不是一劳永逸的。相反，在当今世界中，一种定位不会持续很长时间。定位的有效期在不断地缩短，在未来很可能仍将如此。定位能力的核心是，知道何时做出改变，确定改变的内容，并将其紧密地与盈利模式联系起来。另外，领导者还要能打破曾给自己带来成功的思维定式。

我们会发现如今有许多公司正处在十字路口，制药业就是其中之一。在一个行业中，具备定位和重新定位的能力的领导者会成为潮流的引领者。例如，丹尼尔·魏思乐（Daniel Vasella）领导下的诺华制药公司（Novartis）已经从严格意义上的专利药品生产商，转变为第二大非专利药品生产商，并在向疫苗产品领域迈进。

持续的定位之战

同一个行业的不同企业对外界环境变化的反应是大不相同的，有些企业是防御型的，有些企业是进攻型的，还有一些企业对外界发生的变化视而不见。一方采取的行动会影响到其他各方，这些竞争行为和回应行动也许会持续数年，带来很大的复杂性和不确定性。即使我们找到了一种很好的定位方法，各种外部变化也可能让我们的定位很快过时，甚至在完全实施这个定位之前，就已经过时了。

当领导者开始认识到他们业务的基础正在发生动摇，又找不到合适的解决办法时，他们内心就被恐惧和不安控制，并阻止他们寻求帮助来解决问题。在这样的孤独时刻，领导者在情感上通常是封闭的。其实，我们不难想象，报业的巨头们可能会有这样的心理封闭，导致他们无法想象报业在 21 世纪将会有怎样的不同。即使我们明白了重新定位的需要，找到了成功定位的方法，我们还得考虑内部组织的问题。阻力很可能很大，这将考验我们的信念、勇气和内驱力。当我们感觉无法克服组织内部的阻力时，也许就在不知不觉中失去了信心和坚韧。所以，这正是考验我们的领导特质和定位能力的时候，而且会一再重现。

现实世界的复杂性和难以预测，使我们为企业盈利进行的业务定位具有了与生俱来的内在风险。例如，想要预测各个竞争对手采取的所有行为和对策是不可能的。我们必须了解在这样一个不确定的情况下，一些企业的行为是完全不理性的。这就使情况变得更加复杂。例如，我们可以说通用汽车为了提高销量而进行的零利息贷款和员工折扣价策略是不理性的，因为他们这么做减少了全行业的利润，并且降低了消费者眼中的品牌价值。领导者的核心技能要求我们充分考虑各种可能性以及后续影响，然后要有坚定的毅力，直到发现清晰的解决方案。我们的认知视野和追求成功的动力是构想这些可能性的关键。要想成为一个心态成熟的成功领导者，我们必须心态开放，海纳百川，积极地寻找企业正在变化或需要变化的信号。我们必须能够和身边的人直率、坦诚地讨论，以解决这些问题。在这里，自我觉察是至关重要的，我们是否真心喜欢自己的工作？我们是否投入了足够多的时间？我们是否有培养和磨炼这种领导技能的足够的热情？

从 5 万英尺到 50 英尺：宏观与微观的视角

毫无疑问，史蒂夫·乔布斯是一个梦想家。在当代的商业社会中，被称为梦想家无疑是一种很大的恭维。然而，对未来的梦想虽然令人鼓舞，但我们必须要通过艰苦的努力，把梦想变成看得见、摸得着的现实。定位的能力要求我们不但要有宏观的思维和想象力来发现新的机会，还要有脚踏实地的精神来思考顾客、竞争、盈利这些微观现实。这两种特质的结合并非可望而不可即，所有拥有良好定位能力的领导者都具备这两种能力。

史蒂夫·乔布斯在他长期的职业生涯中取得了很多的成功，仅遭遇过很少的失败。乔布斯具有一种非凡的能力，善于想象那些现在还不存在的东西，并说服他人追随这个梦想。麦金塔计算机（苹果生产的一种微机的型号）使苹果电脑重现生机并成为业界参照的标准。然后，他在皮克斯公司的电影动画业和后来在音乐行业的表现，展现出他对市场现实有一种牢固的掌控能力。他在 iPod 上的成功是基于以下几个因素的结合：洞察市场需求，想象满足这种需求的方法，全面思考要真正使其成为风靡世界的产品所需要考虑的每一个细节，然后对公司进行重新定位。

乔布斯想到了一个赚钱的方法，那就是让人们从互联网上合法地下载歌曲，这样他们就能随时随地欣赏自己选择的歌曲。这个想法来自对消费者的敏锐观察。例如，乔布斯看到下载音乐的需求是现实存在的，因为人们已经在通过 Napster（音乐下载服务提供商）和 Grokster（音乐和视频网络共享服务商）这样的网站下载歌曲。显然，这种下载歌曲的软件已经存在了，但在苹果公司实施乔布斯的这个设想之前，还需要解决很多问题：唱片公司会接受这种个人付费下载音乐的方式吗？消费者会付费吗？如果是的话，付多少合适？这些问题的答案将会为判断这个设想是否可行提供必要的信息。

乔布斯的不屈不挠和勇气驱使他找到了这些问题的答案。现有法律明确了直接下载音乐的非法性，而 Napster 正在让消费者更加愿意为音乐支付费用，同时互联网造成唱片公司收入下滑，也使他们愿意坐下来讨论如何参与到这场互联网运动中来。乔布斯努力把下载音乐的收费压低到目标顾客和唱片公司都满意的范围，也满足了苹果的盈利需求。有了这样的设想和具体技术，苹果在 2001 年推出了第一款 iPod 产品，在 2003 年建立了 iTunes 音乐商店。他改变了竞争的方式，但这并没有涉及什么新的技术，固定投资也很少，因此风险很低。他成为业界的先行者，从而很快就获得了很大的市场份额，并重新设计了苹果公司的盈利方式。由此，他提升了苹果公司的形象和品牌，吸引了更多优秀人才的加入，反过来也为苹果增加了新的机会。到 2005 年年底，苹果公司已经惊人地售出了 4200 万个 iPod 和 8.5 亿首歌曲，重塑了整个音乐产业。[⊖]

乔布斯正在引领广播电视业追随音乐行业的道路。通过联合美国广播公司，他同时也改变了美国国家广播公司和哥伦比亚广播公司（CBS）的外部环境，进而改变了整个行业的盈利模式。一直以来，乔布斯总是保持着进攻的态势。

狗愿意吃这种狗粮吗

在我们进行定位以适应外部环境并实现盈利时，我们总会遇到本章开头遇到的问题：狗愿意吃这种狗粮吗？举个例子，消费者愿意付费购买这些通信、数据、声音、影像内容相结合的服务吗？购买量能够让供应商赚钱吗？由于华尔街的推动，有许多公司试图提供这样的综合服务。投资者愿意冒很大的风险，抱着得到高回报的预期鼓励多个行业的兼并，如印刷业、娱乐（内容）业和流通业等。于是，大联合的概念应运而生，并被认为是一个非常明智的想法。

联合相关产业公司，例如娱乐业、出版业、移动电信业等，会改善现金流和资产回报率，这种观念曾经很有吸引力。特别是在 20 世纪 90 年代末，那个互联网"改变一切"的时代，人们认为兼并后的公司能够提供更多样化的产品和服务，这种打包式服

⊖ 史蒂夫·乔布斯在苹果大会上的演讲，2006 年 1 月。

务会比传统的单一服务给顾客带来更多的价值。因此，盈利的前景一片光明。美国在线 / 时代华纳（AOL / Time-Warner）和维亚康姆都被这个概念迷住了，但在实施了之后才发现是行不通的。顾客看不到这种结合了有线服务、杂志、手机业务的服务能给他们带来什么新的附加价值，因此不愿意支付比单个服务更多的费用。这些联合的大集团并不比专业化小公司具有明显的竞争优势，因此没办法实现盈利。对公司合并后能够通过协同优势赚钱的希望最终落空了，甚至连需要偿付债务的钱都没赚到，这些公司最终被迫大幅削减成本和剥离资产。

不可否认，大概念很容易让人激动。那些处在前沿、塑造这些概念的领导者会得到巨大的认同和成就感，其他领导者也不想错失良机。这时，我们就会看到整个行业都在向错误的方向行驶。领导者们的激情对投资者往往是很有感染力的，至少暂时是这样的。当事与愿违，预想结果没有实现的时候，常常已经耽误了很长时间。业务定位往往需要一些专业的预测，但要将个人情感因素排除在外。有时赚大钱的预期会扭曲我们对未来情况的预测，包括做出一些后来证明是错误的判断，一些意料之外的事情的发生。也许利润会很高，但能够持续多久？什么时候才能真正产生现金收入？如果竞争者做出意外的举动，例如降价，会怎么样？成功领导者具备判断不确定性的准确来源的认知能力、把握风险大小和时机的能力，以及当危机发生时平和地应对的心态。

在马尔科姆·格拉德威尔（Malcolm Gladwell）所著的《眨眼之间：不假思索的决断力》（*Blink*：*The Power of Thinking Without*

Thinking）中表达了这样一个观点——我们对某种情况的第一直觉也许是正确的。这种观点放到定位能力中却是非常危险的。随着情况的改变，我们需要进行与以往不同的思考，大多数情况下，要求拿出的解决方案都跟我们以往的经验无关，毫无经验可循。只有经过长期反复的实践，经历和了解过其中的许多因素之后，我们才可以相信自己的直觉和勇气。当事情无法得到解决时，我们或许将经历一段焦虑和沮丧的时期，这正是考验一个领导者承受长期的不确定性的能力的时候。

例如，让我们看看 2006 年年中时的微软。它是一家品牌地位和市场份额独占鳌头的企业，但它的领导者们在 6 年的时间里都不太明确公司的未来定位。公司已经投入了 300 亿美元的研发费用，触角深入了若干个不同的细分市场，但还是没有一个清晰的定位。当然，微软当前没有危险。它过去的绝妙定位已经给它带来大量的银行存款，并且还在源源不断地入账。

医生如何给自己开方子

1997 年，一家专门提供时间管理咨询和培训服务的机构——富兰克林时间规划公司（Franklin Quest）收购了一家名为柯维领导力中心（Covey Leadership Center）、专门从事效能提升培训服务的公司，该机构由于史蒂芬·柯维（Stephen Covey）的畅销书《高效能人士的七个习惯》（*The 7 Habits of Highly Effective People*）而广为人知。新组建的富兰克林柯维公司（Franklin Covey）主推提高个人效能的产品。销售人员向客户公司的人力资源部门和培训经理推销培训服务产品，这些经理人喜欢富兰克林柯维公司提出的提高个人效能的方法。为了满足日益增长的客户需求，富兰克林柯维公司增加了零售店的数量，并在信息技术上投入重金作为支持。同时，公司继续通过小型并购进行扩张。

当时，富兰克林柯维公司的外部环境正在发生变化。它的定位也已与客户的购买方式相脱节。到 2000 年，这种脱节逐渐从数字上显现出来——高负债、萎缩的现金流和负收入。为了寻找解决方案，董事会把一位外部董事，在企业重新定位方面享有盛誉的鲍勃·惠特曼（Bob Whitman）任命为首席执行官。

作为新任首席执行官，惠特曼在他的团队的帮助下仔细研究了各项业务数据，并寻找原因。业务收入看上去比较稳定，但这是由并购行为支撑的；核心的培训业务实际上正在下滑，连他们出售的诸如日程计划之类的产品都在被一些电脑软件、掌中导航（Palm Pilots）和在办公用品商店就可以买到的其他类似产品挤占市场。由于管理费用逐年增加，公司利润也在逐渐下滑。

在确定新的业务发展方向之前，惠特曼希望管理团队尽可能去弄清楚市场对富兰克林柯维公司的看法。带着开放的心态，他和管理团队拜访了 62 位公司客户，由于富兰克林柯维公司在业内享有盛誉，这些客户的高管人员都抽出时间和他们进行了深入坦诚的交谈。惠特曼从这些面谈中了解到许多真实的信息，例如，他们很喜欢富兰克林柯维公司的产品。惠特曼问道，如果是这样的话，那为什么你们 5000 名员工中只有 500 名接受了这些培训呢？他们的回答富有启示：客户公司的决策机制变化了。那些富兰克林柯维公司以前的联系对象已经不再是做出购买决策的人了。在大多数组织中，是那些一线经理自己决定接受怎样的培训，而不是人力资源部门或培训经理。这个转变意义重大，不仅意味着富兰克林柯维公司的销售人员一直在错误的方向上努力，还说明一线经理们需要的东西和富兰克林柯维公司所提供的服务价值取向不一样。

一线经理需要的不仅仅是员工的个人效能。他们相信个人效能的重要性，但是个人效能与企业业绩之间的关系却难以测量。一线经理想要一个工具，能够清晰、可测量地改善业绩。他们想知道能够从这些培训中得到什么样的具体回报——例如，是改善了销售效率，还是提高了顾客的忠诚度。

2001年年底，惠特曼总结说，公司盈利困难的最根本原因之一，是公司的核心理念无法与当前的市场需求相匹配。现在，有必要重新思考业务的基础是什么。公司必须对自己进行重新定义，并退出非核心的业务。这一及时的举措改善了现金流，为重新定位铺就了道路。盈利状况的真正改变，不会来自紧缩的成本结构，而是来自收入的增长和利润的增加，而这一切都要基于一个新的价值定位。

基于所有这些信息和与团队的长久讨论，惠特曼形成了一个对公司进行重新定位的想法。显而易见，当富兰克林柯维公司告诉客户应该在最重要的事情上努力时，大多数人并不知道这些最重要的事情是什么。他们的研究和调查证明情况确实如此，当员工被问道：什么是公司和团队最重要的目标时，答案五花八门。这种发现指导了前进的方向。鲍勃·惠特曼以开放的心态接受了新观点，创造出了新的定位。富兰克林柯维公司未来的主要任务将是帮助客户公司实现它们最重要的目标，也就是卓越地执行它们最重要的目标。在市场营销这个新的主题上，富兰克林柯维公司将帮助客户澄清这些目标，然后提供流程和工具使他们能够实现这些目标。

这会起作用吗？重新定位不仅是个思维上的挑战，也是一种心理上的挑战——在没有必胜把握的时候，我们要有信心继续下去。确凿的数据让惠特曼坚信自己的判断。如果他和团队没有直接拜访客户，很可能就听信了内部人员的话——没有人从一家以"个人效能"闻名的公司购买"业绩"服务。他可能就不会知道，许多组织中的高层会很快就对这个新的价值定位产生兴趣，并会帮助他完善这一想法。

2002 年春天，当富兰克林柯维公司开始在一些公司实施这种新的服务时，大家信心大增。每周五晚上，该项目的试验团队会在总部听取汇报。很快就有迹象表明，新的价值定位是正确的。他们的客户看到了业绩的巨大改变。

虽然这个故事还远没有结束，但到目前为止，这个新的重新定位看起来是正确的，盈利能力也正在向好的方向发展。公司在 2002 年亏损了 1 亿美元，在 2005 年却盈利 2000 万美元。关闭零售店给收入带来了负面的影响，但培训和咨询业务在过去的数年中保持了 12% ~ 18% 的年增长率。由于一系列关闭、出售，以及对 21 项业务的外包（改变成本结构），公司负债额有所降低，现金流得到了改善。惠特曼和他的员工继续拜访客户公司的首席执行官和业务部门的领导，以确保一切都保持在正确的轨道上，价值定位仍旧和客户需求相关。惠特曼本人到 2006 年年初为止已经亲自访问了 234 位客户领导。这些与市场的密切接触将帮助他和他的团队及早洞察外部环境的变化，是否以及什么时候需要对企业进行重新定位。

有的时候，逆境让我们学到更多。惠特曼是在商学院毕业后的第一份工作中开始学到定位的技巧和心态的。他那时进入了一家旅游度假地产开发公司，可是仅仅在 3 年后，那家公司就开始进入破产流程。当时公司的首席执行官和财务总监都突然离去，他发现自己已经成为负责整改方案的最高领导。那是他人生中非常苦恼的一段日子，但一天早上他突然意识到一直以来问自己的问题是错误的——过去他一直在问自己："我们还可以从哪里削减成本？"但现在他意识到，更好的问题应该是："我们还可以从哪里盈利？"这是两种完全不同的思考方式。通过寻找这个如何盈利的答案，他们迎来了一线曙光，得以熬过难关继续前进。他的心态就是从那时起开始转变的。见识过那些可怕的后果后，惠特曼再也不会轻视这种情境下的事实了。他也不会自欺欺人地说事情自然会慢慢好转，或是盲目乐观地认为事情总会解决的。

惠特曼这方面的能力在他下一个工作中得到了强化。那时他担任了川梅尔·柯罗（Trammell Crow）房地产公司的财务总监。当时房地产市场突然崩溃，公司负有 160 亿美元的债务，其中的

40 亿美元已经到期违约。他必须在现金流枯竭之前，迅速面对现实。但惠特曼仍使用同一种思考方式：我们可以从哪里盈利？哪里不能盈利？他已经看到，核心业务之外的所有业务都已经不能盈利了，因此要使川梅尔·柯罗公司盈利，就必须发展新的能力。

一些定位能力的关键要素在他的职业生涯初期中不断得到强化，并变得根深蒂固。这些要素包括：剖析哪些新的或已经存在的细分市场可以有效实现盈利，哪些细分市场会萎缩；尽可能早地直面现实，不拖沓等。

惠特曼在富兰克林柯维公司积极追求成功，这使得他努力寻求正确的信息源，为想法和定位的形成奠定了基础。多次亲历重新定位的事件后，惠特曼积累的丰富经验使他的心态更为开放，减少了他对失败的畏惧并且增强了自信。惠特曼没有盲目听信销售人员，也没有沦为"渴望被喜欢"的牺牲品。他有宽广的认知视野、敏锐的观察力，可以发现那些顾客虽喜欢却不大量使用的产品的差距所在。他的认识和观察力还使他能够坚忍不拔地寻找新的需求，直到迷雾最终散尽。

相信我们在读过本章后，肯定会想起许多由于缺乏合理定位而导致失败的公司，还有那些合理定位后走向成功的公司。也许我们已经不再认为领导者个性对他们的判断力有多大影响了。回顾定位决策背后的思考过程，我们会发现，一个领导者脑中出现的那些决策选择，在很大程度上取决于他抓住事物本质、掌握外部变化时机的能力。这将是第 3 章的主题。

及时发现市场定位需要改变的信号，抓住机会：

- 新兴行业的崛起。

- 非传统竞争者开始出现。

- 重要竞争者的定位发生了变化。

- 新顾客群体的出现。

- 消费方式受到来自新技术的廉价供应方式的影响（例如 iPod）。

- 顾客流失。

- 在关键细分市场失去市场份额。

- 新业务模式和管理模式的出现。

- 毛利降低。

- 现金流意外减少。

- 顾客满意度下降。

这些信号也许在刚开始时非常微弱，发展缓慢，但随后会导致我们的业务机会的快速增加或下滑。我们必须不断地搜寻这些或其他信号，即便我们的业务正在盈利。要不断重新评估市场定位，要有自我觉察能力，做需要做的事，而不是做那些让自己心安理得的事。

附录 2A

- 收入增长是指销售额每年增长的数量。

- 毛利是收入和与收入相对应的营业成本之间的差额。如果生产 1 张光盘的成本是 4 美元，销售价格是 20 美元，我们的毛利就是 16 美元，毛利率就是 80%。从 16 美元中扣去 10 美元的销售、市场成本和其他费用，还剩 6 美元。6 美元就是我们的利润——销售额的 30%。

- 收入 20 美元
- 减去：生产成本 4 美元
- 毛利总额 16 美元
- 减去：销售及市场费用 10 美元
- 利润 6 美元
- 资产周转率是 1 美元的资产投入能产生多少收入。例如，如果我们投入的资产总额为 100 万美元，这一年的收入是 1000 万美元，那么我们的周转率就是 10。
- 资产收益率是每投入 1 美元的资产，能赚取多少利润。资产收益率＝毛利率 × 资产周转率。

第3章

核心技能之二：预见引领变革

一直以来，企业都必须应对变化的世界，但是，21世纪的领导者面临的变化节奏和突然性是不一样的。领导者的责任就是应对这种变化，领风气之先，保证企业的定位在现在和将来都能盈利。这需要一种特殊的能力，从心理上应对这种复杂性和模糊性，形成一种对正在发展的形势的认识。正是这种把握外部变化的能力让我们能够合理地判断世界的走向，让我们的企业保持积极的攻势。

从第二次世界大战到20世纪90年代中期，美国发生的变化是相对线性、连续和容易预测的。而现在，突发的意外变化似乎更为常见。例如，中国经济的崛起，接着是印度的快速发展，这导致传统贸易、原油之类的商品供需体系发生了急剧的变化，反过来又对政治格局的变迁造成了影响。就像美联储前主席格林斯潘所说的那样："在没有航标的海域中航行。"

然而，许多人一直在回顾过去，希望找到一个帮助理解现实的参照物，但却几乎找不到与现在的形式和周期相同的情况。中国不是 20 世纪 70 年代的日本，互联网也不是过去的喷气式飞机。宏观经济趋势从来没有像现在这样快速而深刻地影响着企业和整个产业。传统的商业经营和经济评估模式不能对应和解释当前的社会现实中发生的事。就像格林斯潘于 2005 年 7 月 21 日在国会听证会上提到长期利率和短期利率之间差距时所说的："这样的模式显然是没有先例的，在我们的经验范围之外。"

另外，对于那些时代弄潮儿和善于在竞争中领先一步采取行动的人来说，机会从来没有像现在这样巨大。联邦快递进入亚洲市场，苹果公司和它引起的 iPod 现象等都只是冰山一角。

从复杂的外部环境中寻找机会，并不只是简单地进行传统的竞争分析，或者通过现有的产业结构预测未来，也不应过分依赖于专家的建议。经济学家、统计学家、社会科学家、战略顾问，这些知识分子关于商业经营的专业知识都很有限。他们中的许多人都有令人尊敬的头衔，或身处高位，或拥有让人信服的荣誉。他们充满激情，发表的观点令人信服，媒体的经常报道也提升了他们的知名度。但是他们只能就狭窄的专业领域发表言论，很少能完全了解一个行业，也不能观测到所有和它有关的因素。

只有通过对遥远未来的展望和考虑那些看起来与现在没有直接联系的发展趋势，我们才能做出足够的分析，以应对外界飞速的变化和新的发展机遇。我们必须从外部环境的视角来看待企业内部。有太多人是从企业内部观察外部环境，它们的视角是在过去基础上形成的狭窄的公司或行业的视角。我们需要拓宽视野，从外部环境看企业，开放地对待我们所察觉的趋势及其对企业的影响。

我们需要从广阔的视野出发来思考和确定潜在的趋势和规律。我们应该有永不满足的好奇心和对这个世界无穷的兴趣，要有强烈的动力去探索自己不知道的事情，然后我们需要找到趋势和规律。这一过程就像解开一个谜语，毅力和自信是必需的。另外，傲慢、缺乏安全感等性格将会影响这些能力的发挥，使我们过滤掉不想知道的信息或不同观点。

这个世界已经发生根本的改变。我们不能以不变应万变，坐等外部变化变得清晰可见才开始行动。有些人非常谨小慎微，他们在外部变化模式已非常清晰，或已经经过他人行动验证之前，不会轻易采取行动。另一些人则恰恰相反，他们会在外部环境变化刚刚初露端倪的时候就采取大胆的行动。还有一些人仅仅依靠很少的一点数据支持自己的预测就采取行动，忽略掉所有与预测不符的事情。然而，胜利将只属于那些现实主义者，他们会在复杂的现实中挑出那些关键的变量，观察它们将怎样结合，然后总结出外部世界的发展将走向何方。

伊万，引领变革的先锋

预测和准确定位外部环境的变化不是一项学术训练，其关键点在于运用对外部世界发展的前瞻性确保企业能够持续盈利。察觉外部世界的变化，并将其与企业的业务定位联系起来，我把这种能力称为"商业智慧"。这正是美国电信巨头弗莱森公司（Verizon）的首席执行官伊万·塞登伯格（Ivan Seidenberg）从其职业发展初期开始培养起来的一种能力。他的职业生涯是从纽约电话公司开始的。当时的伊万·塞登伯格是一个蓝领电线工人，主要从事维护和修理工作，但很快他就担任了管理职务。通过从事一系列不同专业和日益复杂的工作，他磨炼了自己洞察外界变化的能力。在奈恩克斯（NYNEX，纽约电话公司的后继公司）担任与国会、协会还有华盛顿的政策监管者进行沟通的联络官，这些经历扩展了他有关电信行业的相关知识，也帮助他从不同的角度看问题。重构问题的能力让他能够从政策制定者、互联网提供商、技术人员等各方的角度观察世界，这种视角对于驾驭电信业频繁的变动至关重要。2004 年，伊万·塞登伯格做出了其职业生涯中最大胆的一个举措——投资 20 亿美元，作为首期投资将光纤电缆连接到消费者的家中。这只是一个更加宏伟计划的开始，它将会把弗莱森公司的未来和光纤紧紧联系在一起。

在做出这个决定时，伊万·塞登伯格已经推动弗莱森公司超越了有线业务，重新定位为做最大的无线供应商之一。技术和消费者习惯在继续变化，在"内容为王"的时代，宽带有线开始变得重要起来。伊万·塞登伯格不仅能够清楚地认识到光纤电缆宽带将成为消费者愿意为之付费的重要沟通服务，他也具有足够的勇气将想法付诸行动。但对于有些人来说，这样的举动过于大胆，他们回忆起几年前电信泡沫破灭时的状况，认为这些行动太冒险，会对盈利能力造成负面的影响。但在伊万·塞登伯格看来，顾客对于速度、宽带和多样化选择的需求将使这种模式完全能够盈利。收入和利润组成会有所改变，但通过这些变革，公司完全能够保持其财务状况的稳健和市场地位。

这次重新定位是一个巨大的赌注。"这是我们30年一遇的重大决策，"弗莱森公司的网络业务负责人保罗·拉库杜尔（Paul Lacouture）说，"它彻底改变了我们的业务。"我观察的结果是，像这样重要的决策在未来还会更多，不会再有以前那种"一次定终身"的决策了。

这种根据外部变化进行精准定位、积极采取行动的能力是领导者必须要掌握的核心技能之一。将我们自己放在伊万·塞登伯格的位置，考虑一下从海量信息和复杂状况中找出正确答案、做出这样的重大决策所必需的认知、心理和个性特征。光纤会变成什么样只是其中的一个问题。许多分析家都断定，光纤电缆要在进入市场许多年后才可能盈利；还有人预测会有新的材料涌现出来，挤占光纤市场，但到目前为止，还没有出现这样一种可以大规模盈利的材料。同时，技术和相关法规政策继续快速变化，两者形成一个颇具危险性的组合，使英国电信公司在2000年时几近破产。这家公司投资了几十亿美元来争取一项在英国获准使用的技术许可，管理层认为这项技术会使他们领先于其他竞争者。然而，这个市场和这项技术都没有成熟，所有的投资都打了水漂，将这家公司逼到了破产的边缘。

伊万·塞登伯格不得不考虑5项主要技术的快速发展将如何

影响弗莱森公司的未来。当然他非常了解快速发展的无线业务，这也是弗莱森公司的几个主要业务平台之一。但 IP 语音服务的潜力或 Skype 提供的越来越受欢迎的网络电话（VoIP）服务的潜力如何呢？另一个有力的竞争者是鲁伯特·默多克（Rupert Murdoch），他不断地推动卫星通信和搜索引擎的发展；最后，谷歌、高盛（Goldman Sachs）和赫斯特公司（Hearst Corporation）正在投资一家新成立的公司，致力于通过在现有电力系统上提供高速互联网连接服务。

政策法规的变化也使情况更加复杂。2005 年 7 月，得克萨斯州立法机构为电话公司清除了障碍，允许它们申请在全州范围内提供电视服务的许可，而不再需要向各个市政当局申请许可了。就在同一个月，联邦通信委员会（FCC）新任主席凯文·马丁（Kevin Martin）和一位几乎可以肯定会在几年后被取代的政府代表正在制订一个计划，意在放松相关规定，不再强制电话公司与美国在线这样的竞争者共用互联网链接了。这是对 1996 年颁布的电信法案的大反转，该法案规定，本地电话公司必须让其竞争对手以批发价格享用它们的网络。

所有这些会导致怎样的结果？伊万·塞登伯格不得不仔细考虑所有这些无法计量的因素，过滤、分类、筛选出可以帮助他决策的信息，确定在消费者购买行为发生改变的背景下，哪种技术会在什么条件和时机下最终胜出？另外，他还要考虑到竞争对手、新出现的竞争对手联盟，还有特殊利益集团。

像伊万·塞登伯格这样善于思考的人，会不断反思各种情形，重构问题并从不同的角度观察同一现象，从而寻求解决方案。他们意识到要找的答案是具有其特殊性的，不能通过简单的数学公式来解决。他们遇到的变化在他们的认知视野内是前所未有的，既给他们带来了特别的机会，也给他们带来了特殊的挑战。

一个人如何看待变化，很大程度上取决于这个人的心理结构。一些人害怕变化，而另一些人却拥抱变化。积极的领导者几乎总能将他们所意识到的变化转变成机会，就算在短期内这些机会也许是威胁。他们广阔的认知视野使他们将这些威胁看作更大的机会。在伊万·塞登伯格的例子中，他能现实地面对有线业务的下滑和来自无线的激烈竞争，将眼光放得更长远，相信未来会有更大的机会。纵观全局、现实地采取对策需要认知和能力的结合，这被很多人低估了，只有很少部分的人真正懂得这一点。例如，自从1984年贝尔系统瓦解以来，在13个主要电信公司的首席执行官中，只有两个人——塞登伯格和爱德华·惠塔克（Edward Whitacre）真正"抓住机会"，采取了持续10年的正确的盈利措施。

有一种方法可以使我们更有效地运用这种能力，那就是无论身处何地，都要做一个认真的听众，不断寻找新的、不同的观点。伊万·塞登伯格曾说，在每一次谈话中，他都用心留意那些以前没有听过的观念。刚开始的愿景也许是凌乱模糊的，但通过不断地寻找闪光点，这幅愿景最终会变得清晰起来。而我们必须保持客观的心态。一个悲观的人只能看到威胁和障碍，而一个乐观的人往往在愿景变得清晰之前就雄心勃勃地向前进发，从而过快地采取行动。

　　培养这种能力的思维锻炼，首先需要我们认识到在过去我们是如何获取信息的：是真正对信息进行寻找和发掘，还是坐等着它自己出现？我们还必须认识到信息是不对称的，就是说这些信息也许只是片面的，或是被歪曲过的。我们需要继续寻找，弥补不足，直到一切明朗，真正重要的东西出现在面前。

　　对于伊万·塞登伯格来说，他的事业将进入一片未知的海域：没有确定的边界、不可预测的分分合合、未知的价格体系和各种各样的技术。行业内任何一方采取的任何行动都会引发所有其他各方的应对措施，进而导致整个行业的游戏规则和盈利模式发生改变。在技术不断创新的同时，政府将采取各种新的措施，消费者的偏好也会向不可预知的方向发展，这需要优秀的领导技能帮我们绘出一幅未来的图景。这就是伊万·塞登伯格所处的世界，他需要将这些似是而非的图景变得明确一些，要通过复杂的数据分析将有用的观点和结论提取出来，和自己的想象与观察相结合，然后和他人交流，通过他人的角度重新审视这个问题。

　　当然，判断有可能会失误，伊万·塞登伯格有自己的心理优势来应对这类不确定的风险。他知道不能完全依靠传统的概率风险评估对未来进行预测。如果他错了，他知道如何处理相应的后果。他还明白，如果不做这样的决策，要比现在的风险更大。

从外部观察内部问题：旁观者清

　　我们对外部环境的变化觉察越早，就越有时间来形成和检验我们的应对想法，如果必要，我们就及时调整业务定位，确保盈利目标的实现。

超越通常的观察视角帮助我们及早发现变化，例如，政策对商业的影响前所未有，因此，了解和理解立法与政策，以及特殊利益团体对商业的影响，就变成了一项基本工作。

当我们不断实践从外看内的时候，我们还必须培养出一种能力，即描绘出变化模式的能力。这是一个周期性的变化，还是一个根本性的变化？这个变化是结构性和长期性的，将长期持续下去吗？如果我们能够把变化看作机遇，就越能够看到事情的真相。

想想广播电视网产业吧，过去20年来，节目投入成本在不断上升，电视却一直在不断地失去观众。美国广播公司在最后时刻卖出的2006年美国橄榄球超级碗（Super Bowl）的广告价格只有以前的一半。这仅仅是电视台广告业务的一次调整，还是标志着广告客户发布广告的媒体渠道已经发生了根本性改变？这是预示着美国广播公司的收入将会出现永久性下滑的一个早期信号吗？

我们必须要尽可能在职业生涯早期寻找合适的工作机会来实践、检验和磨炼这种能力。举个例子，如果我们是像家得宝或劳氏（Lowe's）这样的零售连锁店的地区市场经理，从外部观察内部问题，意味着我们不能只是从数据上观察人口结构的变化——西班牙语人口数量上升了，或是某个地区退休人数上升了等。我们还要观察社会政治、经济环境的变化对人们的生活方式和该地区的人口结构有什么影响。这样我们就可以理解事情的前因后果，然后做出最适合的业务决策：在这个区域应该有多少家店铺、哪家应该关闭、应该在哪里开一家新店、商品组合应该怎样调整等。在经历过这些工作后，我们的心态会变得更加开放。准确地判断外界变化对业务的影响，能提高我们的自信心，扩展我们的认知技巧，这样我们就能拓宽前进的道路，抓住更好的机会，例如，担任国家级的区域经理或全球性的产品经理。

每个人都可以通过在每个工作日的早上阅读《华尔街日报》首页的《要闻》栏目开始磨炼这种能力。我的意思不是简单地浏览，快速了解前一天的新闻，而是慢慢地、仔细地读每一条新闻，然后想一想它对我们的公司或行业意味着什么。变化是什么？针对谁？这是一个简单的练习，可以帮助我们的大脑练习从这些观察中洞察变化的趋势，以及它们对各个企业和行业的影响。

如何在变化形成之前见微知著

具备卓越的洞察外部环境趋势能力的领导者比他人更富有想象力。他们会注意到他人忽略的信息，寻找他人不会寻找的资源，并以创造性的方式整合各种事物。与所有的核心技能一样，这项能力可以通过练习而得到加强，根据自己的评估来行动会让我们变得更加自信。因此，这项核心技能是勇往直前的信心的来源，它让领导者与那些未能洞察外部趋势而做出鲁莽行为（虽然偶尔也能瞎猫碰上死耗子）的莽夫区别开来；同时也与那些因为缺乏这种能力而失败，或者只能被动防御的人区别开来。这是塞登伯格、安迪·格鲁夫（Andy Grove）、杰夫·伊梅尔特（Jeff Immelt）、乔布斯都具备的核心技能，他们都是善于洞察外部环境变化的领导者。这种能力在这些领导者心目中已化为无形，对他们来说，分类、过滤、挑选的过程已经烂熟于心。一些领导者很幸运地好像具有这种天赋，但是，持续的练习和有意识的努力能改进这种能力，增加成功的机会。这是成功领导者核心技能的一部分。他们总是会投入大量时间和精力接触新的观点和信息。

在通用电气这家拥有多项不同业务的全球化公司，CEO 杰夫·伊梅尔特通过会见客户来磨炼这项能力，他把这叫作"梦想会议"。每次他会邀请来自某个行业的客户——（通常是 CEO 们和一两个下属）——到通用电气位于纽约的克罗顿维尔学院举行为期一两天的会谈。谈话或演讲的主题主要是每个参加者对于未来一段时期（例如 10 年内）的展望和看法。他们讨论的问题有：外部的趋势；造成这些趋势的原因；这些趋势将如何互相影响；通过什么方式；从尽可能多的不同角度看这个图景会是什么样的，例如，从客户的客户、供应商、政策制定者、特殊利益集团等角度，还有技术的发展趋势等方面观察问题。通过这些讨论，每个人都看到了和自己预想的不同的未来。这种讨论的主要目的是要看清变化的驱动因素是什么，这个愿景中缺失的部分是什么，什么是必然发生的，什么可能是早期的预警信号。这种讨论既拓宽了视野，又为发现之前没有发现的问题做好了准备。这还让伊梅尔特和他的客户建立起良好的关系，甚至进一步产生了关于未来业务合作的新想法。

在这样的会议中，伊梅尔特讨论的问题很具体。以能源业务为例，所有人都知道能源业务在未来存在着巨大的变数。人们讨论的话题是石油、天然气以及乙醇等替代性能源的供应和需求，还有俄罗斯、中东这些产油国日益增加的美元储备。这些都会给通用电气能源部门带来启发，因为通用电气生产和提供涡轮、发动机、基础设施这些和能源有紧密关系的产品和服务。伊梅尔特也许会提出这样的问题：如果通用电气在未来 10 年中要在这个部门投入 10 亿美元的研发费用，应重点投向哪些领域？哪些技术未来成功的机会更大？要在未来数年中达到目标，现在开始该做什么？对那些乐于实践的人来说，这是非常让人振奋的，我们可以超越每天关注的细节，满怀雄心地规划未来。

这样的"梦想会议"可以讨论通用电气如何想出办法，帮助各国政府制定统一的技术标准，解决造成全球平均气温升高的温室气体排放问题。通过标准化，这项技术的成本可以降低，从而创造双赢：既为通用电气提供了发展机会，又能帮助人类解决全球气候变暖这个重要的环境问题。

伊梅尔特通过与客户进行的"梦想会议"创建了一个关于全球商业图景的巨大知识库。通过厘清这些模糊的问题，他们拓宽了认知视野，同时也增添了自信。

当然，并不是一定要成为首席执行官才需要关注这些大画面。CEO 和事业部总经理需要看到外部趋势以便对业务进行定位，其他的领导者也需要这种能力，例如，HR 在做人才规划时，运营部在为工厂选址时，研发部在寻找新的创新方式时。

进退维谷的案例

一些人看到这本书会想："哦，这个'梦想会议'对于大公司首席执行官来说也许是不错的选择，但对于我来说可能没多大用，我得安排田纳西丰田工厂的运输，还要做好每周的应收账款报告。"不错，但我们每个人都必须要留出时间来分析未来的状况。如果没有伊梅尔特对通用电气的那种见解和知识，我们很可能会成为变革的牺牲品，而不是创造者。有了初期的预警，在出现新状况时，我们可以在心理上做好准备。如果我们没有这种准备，一旦不确定的变故发生，带来的疑虑很可能会让我们方寸大乱。

另一个担心是，有时某个关键的假设——我把它叫作"铰链假设"，因为如果铰链断了，整个系统都会崩溃——可能被证明是错误的，这将带来许多问题，最终让人措手不及。在我们准备处理事务时要留意这两种可能性，要不停地寻找线索和证据，而且要有后备方案。

吉姆是一位我过去数年一直在观察的领导者。当外部环境的变化已十分清晰时，他却在犹豫不决，浪费了大好时机。他经营着一家汽车配件公司，这家公司数年前由他的父亲创立，专门为通用汽车供应配件。吉姆汽车公司的教训是关于如何应对外部巨大变化的反面教材。吉姆是一个优秀的运营商，总能和通用汽车的生产进度保持一致。他的公司曾一直保持盈利，并被认为是底特律汽车工业协会令人尊敬的会员。但就像其他汽车业的业内人士一样，吉姆很清楚通用汽车正在经历一场危机，并在不断地挣扎以寻找一条生路。

　　他注意到通用汽车的市场份额、现金增值、盈利能力都在萎缩，这个趋势在过去的 5 年中尤为明显，吉姆开始为通用汽车和自己公司的将来担心。刚开始时，只是有一点担心，但他接受了他在通用汽车的联系人所确认的信息——这个汽车巨头会很快止住市场份额的损失并达到盈利的目标。可后来当通用汽车的市场份额继续下滑时，这种确认也变得越来越没有意义。尽管通用汽车让出了很多折扣，令其品牌形象大受影响，可买家们还在继续压价。当 2005 年通用汽车的债券等级被评为"垃圾"级时，吉姆的担心达到了顶点，但他还是从同是汽车业经理的朋友那里得到了些许安慰。那些人一直在说，政府一定会想办法帮助通用汽车剥离使他们处于竞争劣势的医疗和养老成本。但就在我和吉姆最后一次交谈的时候，他承认一直在为不远的将来担心。我们谈到了通用汽车破产的问题，吉姆担心的是通用汽车也许无法履行和自己公司的合同。他很失望，严重怀疑通用汽车管理层挽救公司的能力，认为他们要重新盈利，至少需要数年的时间。

　　在看着通用汽车业绩下滑的这 5 年里，吉姆也想过做出一些大胆的举措。一家日本汽车供应公司曾向吉姆提出收购他的公司，但当这家日本厂商拒绝了吉姆的要价后，谈判破裂了。还有一次，他加入了一个以中国市场为目标的贸易团体，还会见了一位中国制造企业的负责人。这位负责人表达了他愿意与吉姆这样的美国公司建立合作关系的意向，但最终由于种种原因吉姆还是退却了，没有接受这次合作。有许多机会曾摆在吉姆面前，他可以卖掉公司，也可以增加多种生产线，开发新客户，或改变公司的发展方针。这些方案都会降低对通用汽车的依赖性，但吉姆担心由此带来的很多不确定性。他应该思考的问题是：合适的客户在哪里？这些客户的重心会转移到中国吗？为什么丰田、本田、尼桑、宝马在美国建厂的时候我没有跟上去呢？不确定的能源价格和能源供应商对消费者的影响，会对汽车消费者的选择造成什么影响？他们会在哪里生产？需要什么样的新技术？在这种情况下，我应该如何重新定位来保持公司的盈利？

主动出击

以我的观察，那些能够使盈利持续增长的领导者都是主动出击的人。如今最大的挑战就是，如何在复杂艰难的环境中找出能够盈利和持续增长的新机会。要达到这样的目标，我们必须跳出对一个行业的传统思考框架，感受外界变化，抓住要点，寻找新的机会。

接下来看一个挽救了下滑中的克莱斯勒公司的产品。作为福特的产品设计师，哈尔·斯伯里奇（Hal Sperlich）是李·艾科卡（Lee Iaccoca）团队和野马设计团队的核心成员。野马这种并不昂贵的运动车在全美受到了年轻人的欢迎。在福特和后来的克莱斯勒公司工作期间，斯伯里奇有机会接触到大量关于美国人口和汽车市场的统计数据。这些数据几乎都是非机密性的，就是说任何汽车行业的人都能获得。但斯伯里奇结合其他因素对这些资料进行了分析，并且发现了一些新的外界变化。他没有用"足球妈妈"（soccer mom）⊖这样的词汇来描述，但他深刻地了解美国中产阶级在生活方式上发生的巨大变化。这使他有了生产小型货车的想法，这是一种兼备卡车的空间和轿车的舒适性与易操控性的车型，非常适合合伙用车和家庭旅行，非常适合新兴的细分市场。

福特公司拒绝了这种小型货车的概念，但斯伯里奇坚持己见，就算被福特炒鱿鱼也不让步，后来他加入了克莱斯勒。一年之后，同样被福特炒了的艾科卡进入克莱斯勒担任总裁。当时的克莱斯勒正处在生死一线，靠一笔前所未有的 12 亿美元政府担保贷款孤注一掷，希望绝处逢生。寻找解救方案的艾科卡接受了斯伯里奇对外界趋势的判断，1983 年，克莱斯勒引入了这种小型货车。效果立竿见影，这是在正确的时间推出的正确产品。小型货车的高利润使克莱斯勒撑过了 80 年代，甚至在几年内就还清了那笔担保贷款。

一个富有启发的主动出击的当代案例就是前面提到的通用电气首席执行官杰夫·伊梅尔特。他发现要想让通用电气的年增长率从 5% 提高到 8%，就必须改变增长点，他和他的团队在新兴市场中发现了这种新增长点。定期思考外界环境的变化是对通用电气最高领导者的要求之一，而根据伊梅尔特自己的估计，他有20% 的时间专门用来思考和重新定义外部世界的变化。

通过自己亲自获取和亲信下属的第一手资料，伊梅尔特能够

⊖　足球妈妈，美语用法，是指那些家住市郊，每天开车接送孩子们参加各种体育活动的妈妈。——译者注

得到大量的细节资料，然后对其进行过滤、分类和挑选，构成一个合理的体系。他是一个"贪婪"的读者和善于"搜寻"的听众。而且他总是举重若轻，不会因为这些信息非常重要，或与通用电气这样的大公司有关就感到有压力。他没有"新官上任三把火"，立即宣布业务上的重大变化，而是先过滤信息、分析信息，然后将新的想法在他的高层团队、董事会或同行中进行检验。最终，他得出了一个清晰的、关于外界变化模式的认知。尽管他自己也承认通用电气所面临的状况非常复杂，其中包括他所谓的"法规的变化"、外汇和股票市场的波动、油价和外国政府行为所带来的不确定性，但他还是在充满自信地向前行进，为公司在新的外部环境中开辟一条道路，实现收入和现金流指标。伊梅尔特实现了2005年的目标，并且现在看来，通用电气正在正确的道路上行驶。

伊梅尔特已经让这些愿景变得清晰可见了，例如，面对"汹涌的全球化浪潮"，最大的增长机会就是新兴市场，他预计，5年后通用电气一半以上的员工都在美国以外。他看到在医疗、运输、证券、金融服务、能源、娱乐、高科技材料领域会有很多的机会。他认识到要让公司去抓住这些机会。事实证明，社会将不会再忍受环境的继续恶化，他已经将水处理和防止全球变暖这些问题纳入思考范围，考虑如何来展开这些业务。出于对高管薪酬、公司治理这些热点问题的警觉，他正在努力使公司未来的工作方法变得更加透明，责任更加明确。

看起来伊梅尔特似乎在对未知的未来进行大胆的赌注，但他探测外界变化模式的能力能够帮助他辨别风险，进而管理风险。

有些人的固有观念认为，新兴市场一定意味着高风险，所以要回避。但伊梅尔特（及其他和他一样的人）却认为有机会的地方肯定有风险，这个风险肯定是可以掌控的。作为一个领导者，他做出了正确的内部变革，配置了正确的资源，积极进取，使他的下属也能够辨别这些风险，然后通过一些工具和管理变化方法来管理这些风险。通用电气的一项核心竞争力就是他们能够将风险量化，然后把这些风险在资本市场上分散，进而有效地控制风险。伊梅尔特进行了一些组织变革，将公司资本部门最顶尖的专家调到了新成立的基础设施部门，这样他们的工作就可以针对新兴市场了。

尽管伊梅尔特对通用电气的定位是正确的，当时却没有得到投资者的认可。经过深思熟虑，逐渐加强的信念让伊梅尔特能够顶住外界的质疑，得到董事会的支持。他的能力和自信使他对通用电气做出了很好的定位，为持续的增长奠定了坚实的基础。

真正的挑战在于，要保持积极的心态和认知的开放，不要过多地用过去的经验来预测未来，而是要吸收和消化各种复杂的事物，积极面对和主导变革，尽管有时这些变革是令人不愉快的。

以下 7 个简单的问题能够帮我们对身边的复杂世界进行分类和预测。

（1）当今世界正在发生什么改变？最重大的趋势对商业的影响往往大于对公司和行业的影响，它能跨越国界影响到社会的每一个角落。拿印度来说，互联网使印度企业可以轻易地连接曼哈顿与孟买之间的业务，就算偏僻的印度乡村，也可以买到戴尔或李维斯牛仔裤这些品牌。

印度与 IT 相关的软件和服务业的迅速发展有目共睹，许多人还在密切地关注，希望政府逐渐开放其他经济部门，例如，允许外国投资者参与零售业。沃尔玛、乐购（Tesco）、家乐福的高管们都在等待着零售业开放的那一天。

但这一天会到来吗？在印度，有很多人相信外国投资不会给穷人和低文化市民带来更多利益。因此，这些政治势力对印度政府施加压力，继续控制零售业，保护那些夫妻店和小商铺。这些政治势力是很有分量的。在 2005 年，他们有效地阻止了政府剥离其在巴拉特重型电气有限公司（Bharat Heavy Electricals Limited，BHEL）股权的计划，它是印度最成功的发电和输电设备制造商。因此，关于外国公司参与零售业这件事，尽管政府有意向，但能否实现还是个未知数。

就像上述案例中说明的，那些开始时看似风马牛不相及的趋势其实并不是毫无关系的，必须要将它们放在一起考虑。我们必须学会填补其中的空白，然后反复思考，直到出现一个完整的图景。不光要考虑这些变化对某一行业和某一公司的直接影响，还要试着从其他行业和其他竞争者的角度反复思考这些变化。

（2）我的认知模式当中哪些有效，哪些无效？我们基于先前经验的认知结构是我们学习判断外部环境变化趋势的基础。我们必须不断地问自己："我们的认知模式当中，哪些还有效？哪些已经过时？"当我们经历了一个预测失败的时候，我们需要反思问题出在哪里。只有通过反思，我们才能够保持认知的有效性，它不同于直觉判断。

我认识一位 32 岁的年轻高管，他预测 2000 ～ 2003 年经济增长会迅速放缓，但他的预测都被证明是错误的。后来在回顾让他得出这一预测的原因时，他发现自己遗漏了两个重点：第一，他没有预测到美联储能够或可能将利率调低到接近零的水平；第二，他错误地估计了布什政府的减税政策所造成的影响。

他发现美联储的行动完全出乎自己的意料，因此他错误地解读了减税带来的影响。他为自己辩解说，没有预测到美联储的行动是因为他们从来没有将利率降到这么低的水平。但他认识到自己本应该关注格林斯潘的讲话和行动。格林斯潘必须在互相冲突的数个目标中做出选择：保证就业率增长，控制联邦和贸易赤字，防止投机行为过度影响房地产价格。他选择了保证就业率增长，就必须付出代价，让联邦和贸易赤字继续攀升，让投机泡沫继续充斥房地产价格。格林斯潘的继任者，本·伯南克（Ben Bernanke）后来表示要用 10 年的时间削减贸易赤字。

通过这次预测经济形势中失败的经验，那位年轻的高管已经学会关注美联储了。当本·伯南克在 2006 年年初从格林斯潘那里接任美联储主席时，他仔细聆听了伯南克说的每一句话，并且意识到这位新任主席做出的承诺，例如设立抑制通货膨胀的目标，避免房地产泡沫破裂，防止贸易赤字恶化，延续对美元的信心——不可能全部达到。他知道有一些东西必须放弃，但还不知道会是什么。

（3）外界变化对每个人意味着什么？就像我们在之前的章节提到的那样，报纸行业由于受到互联网的冲击，正在经历一场巨大的变化。报业的领导者们已经看到了这些变化的征兆，现在正像热锅上的蚂蚁一样寻找出路。失去信心的投资者们甚至向奈特里德公司施加压力，让它赶快寻找买家。向印刷业提供内容的作者们会有什么变化？他们中的许多已经开始在网上寻找机会，有些人建立了自己的博客，有些人在向 Slate 这样的在线杂志供稿，还有人开始提供像雅虎那样的在线新闻服务。那些一流的作家在未来还愿意为死气沉沉的报纸和杂志写稿吗？对于人力资本的任何影响都是值得关注的。

政府可能采取什么措施？互联网公司的图书馆工程希望扫描所有公共图书馆和大学图书馆的图书，到时读者就能通过互联网搜索到图书和内容。几家图书出版商起诉互联网公司侵犯了它们的著作版权。法庭会偏向出版商还是这个新媒体革命者？美国国会会起草新的法律来更新著作版权保护法吗？整个行业都在一片混乱当中，政府的反应将永远地改变图书出版业的盈利模式。

风险投资家将会把大量的资金投向那些发展媒体新技术的公司，例如，电子图书和移动影音播放器。把这些产品投放市场将会对传统媒体的盈利模式产生更深远的影响。确实是这样，风险投资家和科学家的结合在一定程度上创造了变化。当由这些变化制造者创造的趋势持续下去时，那些老式守旧者的改革就会扩大和提速。

所有这些潜在的反应都很重要，那些具有敏锐商业智慧的领导者总能够从不同的角度，甚至从其他重要竞争者的角度观察外界的变化。

（4）外界变化对我们意味着什么？当我们在脑中建立起关于外部世界的大背景时，就可以考察它对我们的企业战略会有什么影响。杰夫·伊梅尔特就是这样做的，他当时决定把通用电气的数个业务部门合并成一个基础设施部门，专门从事设备出售业务，例如能源设备和服务、铁路机车和飞机设备，这些对一个高速发展的经济来说都是非常必要的基础设备。但他没有就此止步，他还考虑到这样一个事实，即整个世界都在越来越多地关注环境，特别是全球变暖问题。基于这些考虑，通用电气启动了一系列新增长点，例如涡轮机、太阳能发电机、核电厂，这些都是出于对能源的考虑。通过辨别宏观经济趋势，伊梅尔特让通用电气紧紧把握住了新的机会。

（5）一定会发生什么？在创造机会的宏观经济趋势来看，一些事情是必然要发生的。例如，苹果公司发明的 iPod，如果没有建立网上歌曲下载库 iTunes 的话，肯定不会像现在这样成功。但反过来，iTunes 的发展必须要有这些先决条件——消费者要有为这些歌曲付费的意愿，而不是偷偷地从互联网上下载；大唱片公司要看到可以通过这种方式卖出有版权的音乐；最后，下载音乐的价格必须要合适。这些必要的因素都满足了以后，在 2003 年 4 月，iTunes 音乐商店开张了，每首歌曲售价 99 美分。2004 年 1 月，苹果公司售出了它的第 200 万个 iPod。然而，并不是任何情况都这么容易控制。市场的力量——例如，每加仑汽油的价格，就会给混合动力车的发展带来很多变数。竞争者的行动或许会变成机会。当苹果公司和迪士尼达成协议为影音版 iPod 用户提供美国广播公司的电视节目下载服务时，美国国家广播公司和哥伦比亚广播公司很快宣布了它们与DirecTV（一家卫星电视公司）和Comcast（一家美国有线电视服务公司）的合作。

（6）参与竞争，我们必须要做什么？通用电气关于在新兴市场推广其基础设施产品的决策需要他们认识到，将一个发电厂卖给美国的公共设施部门和把同一个发电厂卖给外国政府是有差别的，他们需要重组这些业务。政府常常是零散的，容易出现反复，在新兴市场中，常常会缺乏足够的财力支持大型投资。这次的重组不仅是把基础设施业务归于一个领导的管理下，全盘管理基础设施产品的市场营销、销售、建造和安装，还整合了通用电气资本部门的融资和风险管理能力。最后，重组还包含了一次巨大的变革，在这场变革中，通用电气开始通过招聘建立自己的领导梯队。如今，在克罗顿维尔学院举办的高级领导者培训班学员中，有半数都来自美国以外的国家。

（7）下一步我们该做什么？这个问题伊万·塞登伯格在本章开始时就给出了答案。在认真收集和分析了所有能得到的信息后，塞登伯格决定投资20亿美元将连接到家庭的铜质电话线替换为光纤电缆。这项投资不会在几个月甚至是一两年中得到回报，投资者当然对这项决策不满意。但塞登伯格知道他的顾客、雇员和将采用这种电缆的相关行业集团会喜欢这项决策，所以他只管做了下去。

现在我们已经深入了解了如何从外部角度观察内部问题，如何用外部的观点进行业务定位，以及培养预见领导变革的能力以提高判断力和盈利能力。在我们的内心也许会问："但是我们能应对变化吗？"要应对外部变化，就要从内部开始变化——对组织运作、组织行为、组织制度、组织文化等进行变革。有一些领导者进行定位的时候经常会无意识地做出这样的假设，认为如果组织运营模式难以改变的话，重新定位将会十分困难。让组织的制度体系达到满足我们需要的水平，这是迈向成功的必要条件。这将是第 4 章的主题。

领导者要善于见微知著、整合信息：

- 拥有一套方法体系来预测和观察连续的外部商业环境出现的断裂。

- 想象一个或多个关于未来的画面，并能指出使这张画面不完整的差距所在。

- 拥有可靠的、多元化的社会网络，包括行业内和行业外的人，他们有不同的观点，可以帮助领导者从新的角度审视自己的业务。

- 与自己社会网络中的人进行交流，探讨如何填补他们所发现的差距。

- 具有构建模式的丰富想象力，能够根据新出现的不同趋势，洞察本质，找到缺失的环节和要素。

- 觉察对自己或熟悉的人的心理偏向（是过于乐观还是过于悲观），因为这会影响对外部趋势的真实判断。

- 联系外部环境的变化模式，思考业务定位是否会变得不切实际或过时？

第4章

核心技能之三：管理团队合作

对于领导者的成功来说，最重要的工作是找到一种方法让员工齐心协力，共同达成目标。领导者的业绩取决于他是否有能力让员工全力以赴、达成组织的目标。但每个领导者都知道，想让员工劲往一处使就像把猫赶到一起一样难。也许领导已经费尽心力，但员工还是我行我素。

一些高明的领导者破解了这个谜题，能够让组织里的人齐心协力地工作。通过多年的观察，我总结出了这种管理组织的社会面、达成组织目标的能力，我将这种协调员工齐心协力工作的机制称作组织的社会系统。我对他们有效组织员工的方法做了一些假设，然后在许多其他公司和领导者那里试验。事实证明是有效的，现在我可以自信地说，我们处理那些看起来神秘而复杂的管理问题，并改变员工的协作方式，以满足前所未有的变化对业务提出的要求的最好方法就是理解公司的社会系统。

　　每个公司，从大的企业到两个人经营的店铺，都有一个社会系统，我们可能不以这个名称称呼它，我指的是人们一起工作的各种方式。他们相遇，然后对彼此产生积极或消极的影响。他们建立起相互的关系，并互相感受对方。他们分享信息，并做必要的交易和决策。他们一起工作的方式可能创造能量，也可能导致内耗，这决定了他们是否会履行他们对彼此的承诺。

　　管理社会系统包括两方面。我们必须能够决定，为实现我们的业务目标，哪些关键的决策和交易是必须做的，由谁来做。在此基础上，我们要设计日常会议机制（我将这称为**运营沟通机制**），在正确的时间将正确的员工聚集起来，运用正确的信息来做这些决策。这是这项能力的一个方面，另一方面是积极地影响决策过程中的行为。也许在这些交流的过程中，员工会隐藏信息，会离题千里，根本触及不到问题的核心。他们也许会按自己的日程行事，不愿意将冲突表面化，因而会议很难形成一个明确的决议。我们应该确定讨论的内容，确保他们做正确的事，并将这些和激励机制挂钩，包括奖金、权力、赞赏或是升职。简而言之，我们必须积极地设计和引导公司的社会系统，包括这些运营沟通机制、它们之间的联系，以及其中发生的事情。

　　当我们看到一个公司总是有良好的表现（创造出一个又一个好产品，每天都能按时达成目标，或稳定地降低成本），我们就可以肯定，在它背后一定有一个高效的社会系统。

　　一个良好的社会系统可以使公司制定更大胆的战略，进入新市场，赢得市场份额，或提高利润。但许多公司的社会系统都达不到应有的标准。企业业绩可能因为很多原因而下滑——由于公司的市场定位已经不合时宜，由于目标太不现实，或是由于公司受到了预料之外的外界打击，但具备这种能力的领导者会不断研究这个社会系统，看看它是不是问题的根源，并采取措施修补这个系统。

擅长诊断、设计和领导社会系统的能力，正是成功领导者能够动员员工达成目标的原因，就像通用电气的杰克·韦尔奇一样，把一个等级森严的组织变成一个齐心协力的组织，或是像家得宝的首席执行官鲍勃·纳德利一样，将企业的创业文化转变为既能相互协作，又不失灵活性的文化。这为组织完成任务、创造结果提供了有效支持，即使对那些员工士气低落的企业也同样适用，帮助他们走出"我们不能创新""我们太回避风险了"或"我们甚至连一个决定都做不了"的心态。

通常的情况是，当试图进行变革时，人们总是会先去改变组织结构、撤换重要人员、改变评估和奖惩制度。也许这些行动是有用的，但这样做却本末倒置了。

我们需要从社会系统的角度看待我们的公司。我们应该观察员工之间的互动和信息的流通，并剖析决策过程；我们必须能够规划整个运营沟通机制，确保其中的每个部分围绕着业务目标相互配合，并弄清楚每部分到底是如何工作的。如果需要引入新事物或替换旧事物，改变它们就是我们的职责。如果员工讨论的方向不正确、行为不恰当，及时纠正也是领导的职责。根据需要，我们可以运用说服、权力和奖励，包括金钱、认可或升职。

　　这就是社会系统变革的方式，通过对运营沟通机制有意识地进行设计和重新设计，引导员工对话，重塑员工行为。反复地做这些工作，并且坚持不懈，我们就能改变决策的质量和内涵。由于运营沟通机制可以在每天的工作中对员工的行为进行重塑，我们将能持续改变人们一起工作的方式。有了这项能力，我们就能实现本来非常虚无缥缈的企业文化改革目标，同时增强自己履行承诺、完成业务目标的能力。

　　在实践这种能力时，我们将提升自己的洞察力，发现社会系统中出现的问题，并自信我们能解决这些问题。我们会在如何重新定位的问题上做出更好的选择，因为我们知道可以通过改变社会系统来帮助我们实现目标。这种能力是 21 世纪的领导者必须具备的。

卡尔和哈里

　　有一个故事，讲的是一位新任命的领导者怎样诊断出公司的社会系统中存在的问题，并在短短数月内就开始改变它。

　　"继续努力，感谢大家的参与。"新任首席执行官哈里在投影屏幕变暗之前说道。

　　几秒之后，哈里听到了一些议论。

　　"我们本该告诉公司，经营利润在下个季度会增加。"一个声音说。

　　"老天，别再给那些华尔街的浑蛋们透露任何信息了！"另一个声音回答说，很显然是卡尔，他是事业部总裁，"他们只会用这些信息来给我们设定更高的目标。"

话筒把声音传开了，在座的人都惊呆了，公司的管理人员都沉默地坐着，看哈里做何反应。他没有回应，时间已经过 7 点了，在城市的另一地方还有一个晚宴要参加，已经晚了，所以他快速抓起笔记本离开了房间。

当然，哈里暗地里对卡尔的顶撞很恼火，但他当时控制住了情绪，没有爆发。晚上，他独自在书房里喝着酒，开始考虑白天发生的事情，他很庆幸当时控制住了自己。在哈里接管公司的两个月里，他对卡尔的印象很好。当他把所有的事业部总裁召集到纽约，让他们坦诚地讨论核心价值观的时候，卡尔也参加了这个项目。而且他在经营自己部门的过程中做得非常出色，是整个公司最好和盈利最多的。但这件事让哈里思考有什么地方不对，他想把整件事搞清楚。

第二天早晨，当时在场听到哈里谈话的人都没有提起昨天的事。可当哈里分别问他们的时候，答案竟然是一致的："他们就是这样，这个部门总是尽可能多地隐藏信息。我们要想知道一点消息的话，总是要求爷爷告奶奶才能得到。"财务总监接着说："卡尔总是在经营利润上卖关子，我们对外的信誉已经受到了损害，我不知道长期发展下去会变成什么样子。"

哈里慢慢清楚地发现，不仅仅是卡尔不和总部合作，他推测他的前任管理下的季度经营报告也是在充满恐惧和威胁的情况下完成的。这样的互动方式无法产生他所需要的信息流，以帮助他决定如何集中和配置资源。他必须找出问题的根源，以便做出适当的调整。季度经营总结会是达到这一目的的最佳机制——正确的人员为正确的原因集合在一起，但他们做的事情却全是错误的。哈里曾工作过的两个不同公司都将坦诚、直率视为一个基本的行为准则，因此，他非常清楚这个公司缺少的是什么。他很快想出了让大家开诚布公的办法，从而得到自己需要的信息来做出正确的决策。

当哈里邀请卡尔在休斯敦市中心一个安静的餐厅里共进私人晚餐时，卡尔十分紧张。两个人坐在一起吃饭的时候，哈里感觉到了卡尔的紧张和不安，他试着开开玩笑好让卡尔放松下来。然后，他冷静而自信地把问题摆到了桌面上。

"我想我们知道公司同事对我们的抱怨，我知道我们对此感到很不自在。"哈里说，卡尔神情严肃，等着挨骂。

"卡尔，"哈里继续道，"我想这件事过去就过去了，关键是我们要想办法以后能更好地共事。"

当哈里继续恳切地向他征求关于如何改善工作关系和信息流的意见时，卡尔脸红了，他很吃惊，但同时也松了一口气。作为对哈里坦诚态度的回应，卡尔也放开了一点。他告诉哈里，前任首席执行官是个善变的人，不信任任何人，经常制定没有根据的目标，然后和财务总监一起对那些无法达到目标的人施加压力，事业部总裁的任期一般不超过 3 年。哈里知道他的前任没有运营方面的经验，也没有财务专业背景，却喜欢在这两方面都插一手。下属部门发现，要想生存下来并做好业务，最好的办法就是尽可能多地隐瞒运营和财务信息。"我们不得不这么做来避免被他盯上。"卡尔告诉哈里。

哈里打破了僵局。卡尔在这个公司工作了 15 年，这是他第一次觉得从季度会议、预算会议或意见征集会议的烦恼中解脱出来，因为之前他总是不知道前任首席执行官在想什么，同时也害怕在同事面前难堪。哈里在这次晚餐中的谈话和他对待卡尔的方式让卡尔开始觉得：也许公司会变得好起来，而且他也能够参与其中。

在返程的飞机上，哈里开始思考这个问题在公司里到底有多严重。他知道现在不管是立即解雇像卡尔这样的人，还是改变组织结构都不是解决问题的根本办法。他要做的是通过改革运营沟通机制来改变公司内部的互动方式。这些运营沟通机制包括季度经营总结会、预算和目标设定会议、人才计划讨论会，以及每周的现金流讨论电视电话会议。最重要的是：交流的是什么信息；人们表达想法的空间有多自由；从外部引入了哪些新的信息；领导者希望有多坦率的沟通；领导者吸引每个人参与开诚布公讨论的能力怎样，如何处理冲突，以及能否使组织做出果断的正确决策，而非照顾面子的折中。尽管他刚刚上任不久，但已经产生了许多很好的想法，例如需要改变什么、怎样改变等。

社会系统的基石：运营沟通机制

管理社会系统的能力也要求领导者能够在关键时刻有效管理运营沟通机制。为了实现具体的业务目标，领导者促进必需的信息交流，把冲突放到桌面上解决，做出必要的决策和调整。我们应该对其中正确的行为加以鼓励，并确保一个运营沟通机制（例如，战略会议做出的战略决策）的成果能够与另一个机制（例如，人才盘点和预算会议上做出的资源分配决策）的成果结合起来。

这听起来是不言而喻的。人们必须分享信息，做出调整以达到目标，但这一切并不会自动完成。作为领导者，我们的责任就是通过设计一种运转良好的运营沟通机制来管理社会系统。这需要耗费时间、精力、当然也需要领导力，让相关的人员聚集在一起，让讨论焦点集中，让彼此开诚布公，这样才能更快、更好地做出商业决策，完成设定的目标。如果我们不管理好这个社会系统，信息交流就会不充分；分歧就不能浮出水面，更不能得到解决；决策也会变慢，导致不是得不到结果，就是花费的时间过长。

我们还必须建立和强化一种行为标准，规定什么行为是可以接受的，什么行为是不能接受的。这需要通过对话来完成。当一个人的行为偏离轨道时，我们必须能够认识到，同时要有勇气当面纠正他，而且往往就在现场纠正。通过坦诚的对话，人们就能了解我们作为一个领导者，认为什么是重要的。例如，他们可以了解到，什么时候不同的观点是受欢迎的；冲突是否可以公开还是会被压制；偏离主题或主题讨论是否可行；决策是以事实还是个人权力为基础。正是在这些引导对话和信息交流的会议中，体现出了领导力是一门艺术。

大多数公司的社会系统都很杂乱，没有精心设计过的运营沟通机制之间彼此毫不相关，所以，运营的结果好坏就只能碰运气了。这就是为什么很多人不得不硬着头皮去参加一些没有任何结果的、毫无意义的会议。在这种会议上，冲突得不到解决，信息交流不畅、扭曲（例如，上述案例中的财务总监感觉被卡尔和其他部门经理排挤，因为他们不提供准确的信息）。所有这些让即使是最有才华的人也发挥不出应有的有效性。

有一位首席执行官还专门做了一个图表，统计出自己在正常的一年中所参加的所有会议。这其中包括 52 次每周管理例会、12 次月度运营的例会、4 次为了准备与"华尔街"投资人交流而进行的季度业务总结会，以及一次关于制订长期计划的战略会议。一系列审核人力资本的人才规划会，还有一次预算会议来制定量化指标，为接下来的一年进行资源配置工作。这些还只是常规的日程，总共至少有 70 个会议（还要算上其他的一些处理突发事件的临时会议和为了准备上述会议召开的筹备会）。

一位卓越的领导者要将很大一部分精力、时间和心血投入到这些会议上。这些由各种常规会议构成的所谓"运营沟通机制"决定了公司最终能实现怎样的业务结果。

关于构成公司的社会系统的运营沟通机制，我们有 4 个相关的问题需要问问自己。

（1）现有的运营沟通机制的目的是什么？这些运营沟通机制，以及它们之间的联系是如何促进目标达成的？

（2）哪些需要保留？哪些需要去除？哪些需要结合？

（3）哪些需要在整体上重新设计和以新的方式进行管理？

（4）需要建立新的运营沟通机制吗？

我们不必非得是首席执行官，也不一定非要是有权力的人，才可以让人们在社会系统中有效工作。如果我们只是一个负责工程、营销或生产的产品经理，我们同样可以和他人就产品特性和定价进行开放性和建设性的讨论。我们可以围绕着业务目标创造我们自己的运营沟通机制。

在大多数公司中存在的混乱都需要运用这种能力来消除，并通过它把大家的注意力集中在关键的问题上。例如，当我们的公司正在决定在哪里生产重要的新产品才能实现有机增长的目标时，我们需要了解外包的影响、在哪些不同的地点建立工厂最佳、与其他生产商合资或签订生产合同、保护知识产权等。只有当我们把来自财务、生产和后勤部门的员工召集起来，分享他们对这些议题的看法，让他们开放、诚实地讨论，才能做出正确的决策。当我们向更高层次或更大行业迈进时，例如，从市场营销这样的职能部门升迁为盈亏中心的主管——我们的成功取决于能否很好地培养这种管理社会系统的能力。

如何判断需要怎样的运营沟通机制

如果想要有效地管理社会系统，我们必须围绕最重要的业务，例如服务新市场或实现增长来设计运营沟通机制。每个运营沟通机制必须要有明确的业务目标。头脑中有了这个目标后，我们要决定哪些人应该参与进来，多长时间应开会讨论一次。如果我们不亲自组织这样的讨论，也应该指派一个具有相关技巧、能够让会议的内容和方式都达到要求的主管来组织。有时，合适的运营沟通机制已经存在了，但需要进行调整，因为它的内容、活动方式、组成方式或领导方式是错误的。一些季度经营总结会、战略会议、人才盘点会议和预算会确实存在这种情况。

下面的一些案例说明，如何创造和调整交流机制以达到业务和行为目标，其中涉及许多与运营沟通机制有关的方面——从在不断变化的条件下创造新产品、发掘新的收入增长点，到改进整个公司的企业文化。

开发新产品以创造持续的收入增长

当托德·布拉德利在 2003 年开始担任 palmOne 公司（现在是 Palm 公司）首席执行官时，这家生产掌上设备的先锋企业已经面临危机。很多人都预测它不可能在手机和大型掌上电脑（Big PDA）的挤压下生存下来。20 世纪 90 年代，Palm 凭借其初期产品实现了高速增长，但随着市场的变化和公司的止步不前，新产品开始积压，使收入、现金流和股票价格都受到了很大的影响。布拉德利不想让 Palm 像夹在三明治中的火腿一样被夹在竞争对手中间，他从供应链着手开始积极降低成本。但更大的问题出在产品设计上，它已经和潜在的客户需要脱节了，技术人员不得不从普通消费者的角度重新审视自己的产品。

Palm 从来没有在新理念、新技术的创新上出现问题，可是他们的设计师和工程师过于关注那些愿意购买公司任何产品的社会精英，而忽略了一些潜在的消费者，他们需要的是价格较低、没有复杂技术含量的产品。要实现这一点，需要针对每个细分市场做出正确的调整。在这个过程中需要和工程师、运营专家和销售人员进行沟通，因为工程师明白哪些调整具有技术上的可行性，运营专家知道如何在一定的成本下产出需要的产品，销售人员了解顾客的需求。为了吸收不同的观点，布拉德利建立了一个运营沟通机制，每个项目挑选来自不同职能部门的 6～12 个人组成团队。每个这样的团队都由一位精心挑选的产品经理领导，他要兼备跨越不同职能部门的视角和管理流动团队的能力。此举的目的是要制造出一种产品以满足 Palm 之前从未涉及的细分市场的需求。例如，其中一个团队被要求生产一种能获得较大市场占有率的产品，定价 99 美元，远远低于 Palm 通常的 399 美元或 499 美元的产品价格。这个团队接受了 99 美元的价格，因为他们在 99 美元的价格上可以得到合理的利润，并且尽可能生产出在这个价位上比较成功的产品。最终他们设计出了 Zire 系列掌上电脑。

Zire 产品开发团队中一些人负责研究潜在的新顾客，另一些人负责寻找可能的低成本原材料，而设计师开始思考产品理念。通过每周一次的例行交流会，他们回顾进度并解决问题，团队中的每一个人都能够在同一时间得到相同的信息。他们已经对顾客有了一个全面的概念：这些顾客工作繁忙，对价格很敏感，希望尽快处理紧急问题，不愿意花时间学习如何使用新功能。对顾客的了解指导了 Zire 系列产品的研发过程。该产品就像是个电子管理员，帮助那些非技术人士管理好自己的家庭日程安排，让他们不至于因为练球忘了孩子的家长会；让查询各种信息，例如孩子医生的电话号码等变得操作简单；或者可以制作一个待办事务的清单。有了 Zire，消费者可以不用再在厨房贴便条或在冰箱上留言来传递信息。这很适合那些管理家庭事务的女性，要让每个人清楚，这个产品关注的不是技术，而是如何让人们的生活更方便。

产品的基本功能没有什么问题，但在周例会上，其他一些问题引发了激烈争论。例如，工程师想要添加更大的内存，但其他人提醒他说，内存会提高成本而且目标顾客也不需要那么大的内存。会议允许大家挑战他人的假设，因此一个人很难固守其他人不认可的观点，这种开放式会议创造出内在的控制系统，使研发过程可以继续下去。

在运营沟通机制生效期间，每当团队的自我监督机制不起作用时，产品经理安德列亚·约翰逊（Andrea Johnson）就会很有技巧地引导讨论，使成员们重新聚焦到他们对于顾客的统一认识上。由于团队成员并不直接向她汇报，她如何组织成员间的互动，使讨论集中在业务目标上，这个能力就显得尤为重要。她能让团队始终聚焦于共同的目标、他们所创造出的目标客户的整体形象上，这两点非常起作用。"要记住，这不是为我们造的，"她不断地提醒工程师们，"就当这是为我们家里最不懂技术的人造的。"

如何用较低的成本提供好的显示屏是一个热点问题。彩屏太贵了，但他们不清楚顾客是否可以接受黑白屏。他们最终决定顾客需求让位于成本，选择了黑白屏幕。运营团队一直在寻找不同的原材料供应商，以探索降低成本的新方法。一些团队成员认为产品应该有背光，但有背光的显示屏还需要增加 50 美元的成本。

最终的解决方案是添加一个光笔，并在后续产品中考虑加入发光屏幕。

约翰逊负责组织这些常规会议，布拉德利则监督会议的进度并提出一些探索性的问题，以确保信息使用的准确性，并做出适当的调整。通过这些问题，他可以评估是否选对了团队的成员。团队运行得很好，分歧都摆到了桌面上，做出的决定也是建立在相互的认同上，而不是一味的妥协之上。讨论问题的方式和个人对问题的反应方式，影响着团队成员的行为。有时布拉德利会改变情境中的要素，问大家在新条件下他们会做出怎样不同的决策，以此来验证他们的想法。他对某个人是否靠着自己的说服力和口才控制了决策的过程十分敏感。如果得出的决策并不正确，他会适当地对这个人给予反馈，有时在会议中，有时在会议后。他对团队进度的认同程度对团队能否继续前进有很大的影响。他喜欢轻松的讨论，而不是正式的幻灯片演示。这样的讨论常常会产生新的想法，使团队获得新的前进动力。

Palm 的设计变得更加以顾客为导向，这并不是因为首席执行官说应该这样做，而是因为他通过良好的运营沟通机制使团队愿意这样做。他谨慎地挑选管理团队的人选，并通过持续适当的关注来保持他们的进度和成果，保持正确的轨道。他从理想的结果——满足顾客需求出发，设计了这些运营活动。

很多业务决策需要不同来源的信息和多视角的考虑。运营沟通机制应该将这些元素组合到一起，这样才能做出恰当的协调。组织结构使不同部门的人拥有不同的视角，有效运作的运营沟通机制可以将这些合适的人聚集起来，让他们观点趋于一致。

清除业务增长的障碍

PSS/世界医疗公司（PSS/World Medical）首席执行官大卫·史密斯（David A. Smith）在发现他们业务发展机会的同时，也看到了挡在他们前进道路上的障碍：两个主要部门的领导者甲和乙之间的矛盾。甲和乙在其各自的部门都表现得很出色，但现在 PSS 正在进入新的增长模式期，尽管利润已经很微薄了，可还是要挤出每 1 美元来投资增长和扩张。甲负责的海湾南部医药供应部门和乙负责的医用销售和服务业务有其各自的支持服务，例如信息技术、人力资源和全球采购。首席执行官做出了一个合理的决定，将这些支持部门统一合并为一个组织，为两个部门提供支持。

共用支持服务不是什么新概念，但在 PSS 却引起了很大的争议。甲和乙都没有反驳这样做带来的好处，却都很担心这种做法将对自己部门产生负面影响。双方都以不能完成规定收入、利润和现金流目标为理由，强调如果不能掌握业务中某些关键部分的话，就无法确保达成目标。每一方都认为有必要拥有自己的支持部门：如果没有从支持部门得到所需的 IT 或采购服务，一些人的奖金就要被扣除，有一些人就得不到提升，还有些人也许还会被解雇。如果分别有自己的支持部门的话，两个部门就都不会有这种顾虑。最坏的情况是，共用一个支持部门也许会让他们为了得到更多的关注和资源而相互竞争，这无疑会损害两个部门之间的正常关系。

首席执行官知道，单凭行政命令是无法让这个共享服务的计划成功的。他要确保这两个部门经理和人力资源部门、信息技术部门、采购部门的新负责人之间的关系不会损害到 PSS 的发展。决定一旦做出，首席执行官希望所有参与者都感觉到他充分理解他们的需求、困难和特殊情况，所有的决策都是以 PSS 的整体利益为基础的。如果有一个部门领导感觉别的部门由于公司政治和个人关系而受到更好的对待，他就会产生怨恨和敌意，心生退意。

这位首席执行官建立了一个运营沟通机制，把相关的人员集中起来，通过开放的交流解决争端和潜在的冲突。开始的时候，甲、乙，以及新任命的人力资源、信息技术、采购等部门领导在会议上讨论了甲和乙在各自的业务领域的优势。这次会议之后，支持部门的领导制定了反映甲和乙部门需求的一年期和三年期的规划。由于沟通和决策必须要继续，首席执行官又制定了另一个运营沟通机制，甲和乙要每月召开一次会议，同服务部门经理讨论相关的业务问题。结果很理想，甲和乙，以及支持部门的领导都愿意经常和对方进行非正式的会面，每月的会面使甲和乙有机会交流各自的信息，让支持部门保持更新以满足需求。将利益竞争放到阳光底下，加强透明度，可以减少或完全消除经常发生在组织之外的那些私自的决定，并且建立了互信机制，消除了怀疑和不信任。

将问题拿到这个每年 12 次的会议中加以解决，确保不在会议之外进行私下交易；将争端放到桌面上来讨论，学习以事实和数据为依据来进行调整。这些都是支持服务共享可以持续下去的要素。大家都学得很快，那些提供支持服务的人学会了如何做出调整和权衡，更重要的是，学会了如何将相关信息告知受到负面影响的部门。为了对这个机制进行进一步改进，两个部门领导每年会对支持服务进行评估。

冲突在任何企业中都是存在的，不同的职能机构、部门和个人都会为了资源或自己的观点等相互竞争。当业务重组或工作重点改变的时候，我们都要仔细考虑阻碍发展的冲突可能会在哪里爆发，或是考虑建立一个运营沟通机制来加以解决。没有得到解决的争端会拖延决策和行动的时机，因为当人们不得不实施自己不以为然的决策时，他们是不会竭尽全力的。我们应该设计、建立并且管理运营沟通机制，想尽各种方法将争端摆到桌面上，然后加以解决。管理的技巧是引导人们超越自己的狭小圈子和利益，看到一个更大的愿景，确保他们在决策过程中开诚布公地交流。

提高判断力以实现更快的收入增长

保罗·查伦（Paul Charron）从 1995 年开始担任丽诗加邦（Liz Claiborne）公司的首席执行官，当时它只是个单一品牌的企业，外界许多人都感觉它在走下坡路。查伦是个经验老到的领导者，但对时尚一窍不通。他曾遭到那些视时尚为神秘艺术和上帝的礼物的人几次三番的打击。查伦通过对 15 个品牌的并购，并围绕生活方式进行品牌定位对丽诗加邦进行了重新定位，他还建立了一些零售店。通过业务拓展和多品牌、多渠道、多地域的经营模式以及更好的产品组合，丽诗加邦用了 10 年时间走在了整个行业的前列。查伦最大的成就也许就是改变了丽诗加邦的社会系统，将人们的创造力和商业规则结合起来，做出了更好的商业决策。

时尚业就像其他许多脑力劳动行业一样，除了市场竞争，更依靠人们的创造力和预测未来发展趋势的能力。时尚圈的人是出了名的不喜欢在一起工作，也不关心作品能否卖得出去。大家都知道天才们不喜欢团队合作，艺术家不喜欢受约束。这些也许都是正确的，但生意就是生意。业务增长的竞争无比激烈，如果生产的产品不对，卖不出去的存货就会积压。

查伦对社会系统做出的一个改变就是，建立起一套运营沟通机制来同他的创作团队就两个问题进行沟通：他们对时尚界的市场和发展趋势的看法；在他们自己的专业领域中，怎样的作品才会畅销。查伦建立起一个周例会机制，将各个品牌的市场推广人员、设计师和经销商召集起来探讨设计、定价以及不同细分市场的选择问题。他强调，希望会议能发现更宽阔的思维和更新的想法，而不是非得做出什么决定。

会议中完全没有什么等级的概念，任何人都可以发表他对外部发展趋势和顾客品位变化的看法，不用考虑自己的头衔和负责的领域。如果有人谈到一个发展趋势，人们可以讨论这会对其他细分市场和品牌造成什么影响。前几次会议由查伦亲自主持，就是为了让人们以放松的心情参加会议，不用担心受到嘲笑或批评，他使用了一些简单的沟通手段，例如"嘿，帕特，我还没听你的想法呢"，用他自己的方法让人们畅所欲言。同时，他力求让品牌经理们明白，这不是在接受命令，而只是分享一些观念，从而有效地让他们降低自己的抵触心理。通过反复地从不同的方面，例如珠宝或服装等进行讨论，来拓展人们的思维，帮助他们把握住有助于盈利和增长的趋势。

这个沟通机制的目的，是通过讨论什么样的产品会畅销、为什么会畅销等问题，来增加团队对自己判断力的信心，实现对自我观点的再确认。这个机制规定，在每周的某个固定时间举行非正式的讨论。由于有了这个经常性的有效交流，人们可以知道他们可以相信谁的判断，然后纠正自己的判断，同时增强自信。

简短、频繁、内容丰富的会议可以高效地传递迅速变化的信息，它在同外界保持联系方面发挥了巨大的作用。

开动脑筋

在宣威—威廉姆斯公司（Sherwin-Williams），演讲战略规划曾经就像在西班牙的宗教法庭上一样，每个部门领导到台上做冗长的演讲。不仅是领导，员工也要准备进行提问，所有这些时间和精力都是为了召开一个长达 7 小时的毫无意义的讨论会。

当杰克·布瑞恩（Jack Breen）接任首席执行官后，他想要各个部门和整个公司都能取得最佳的业绩，他知道部门经理会从集体智慧中受益。他想利用这个战略会议激发每个人的智慧从而改进业绩，并将会议的成果转化为实际行动，编入预算机制中。他还试着将会议的成果和个人情况联系起来，这样会议就会变得实际并以事实为导向，而不仅仅是头脑训练。

　　在第一次会议中，布瑞恩告诉部门领导，他们每个人有 1 小时的时间做完整、不间断的演讲。然后他告诉大家每个人要针对部门战略准备 3 个书面的问题。布瑞恩将所有这些问题收集起来，全部阅读过之后，从中选择了一些部门面对的关键问题作为推动讨论的基础。在会议的结尾，他请部门领导讲出在会议中得到了什么收获，对提高业绩有什么帮助。

　　这一举措立即在公司中起了作用。在接下来一周的战略会议中，布瑞恩发现部门领导们都有备而来，演讲变得切题、紧凑且焦点集中，会议中穿插着所有参与者的问题。会议的焦点已经从混乱的调查，转变为共同努力以提高价值并不断创新。仅仅 6 个星期，布瑞恩就完全改变了运营沟通机制的内容和社会系统里的思考行为。

　　没有比让人思考更能激发他们热情的方法了。特别是在一个以脑力劳动者为主导的公司里，动员大家开动脑筋能给业务带来能量，同时也是获得竞争力的源泉。越是加强决策透明度和鼓励自觉，人们就越能超越自己的范围想问题并达到要求的结果，也越能将自己融入其中，充分调动起积极性。反过来也就更容易吸引和留住优秀的人才。

改善运营沟通机制确保计划顺利实施

　　2002 年，一家经营多元业务的企业正处于困境之中，新任 CEO 乔伊斯上任已经 9 个月了，肩负着带领公司一步一个脚印地稳步向前发展的使命。

　　长期以来，这家企业一直面临制造和技术之间的平衡问题。乔伊斯和一个核心团队以及外部咨询公司一起，制订了对公司实施重大变革的方案，对公司的业务发展制订了长期的计划，成立了一个专门的销售团队，并根据业务组合的变化进行调整。

　　然而，制订出计划只是个开始。如何使组织向前运行才是巨大的挑战，主要有两个原因：第一，近些年来业务出现的问题使组织失去了重心，也让人们对公司失去了信心。实际上，一份对员工的调查显示，员工认为公司并不知道前面的路在哪里。第二，这家美国技术企业的员工对他们的新领导知之甚少。尽管乔伊斯有多个部门和业务的工作经验，但只在这家企业的技术部门工作过一年，而且是在欧洲。人们凭什么相信她可以解决这家全球化技术企业存在的问题。

　　乔伊斯得到了各种各样的建议，告诉她如何运作这个有着32 000人的庞大组织。其中有一个建议非常有道理：组建一个核心的领导团队，与他们进行面对面的深入沟通，并让他们相互进行信息交流。但领导团队的人数却引起了争论，如果太少了起不到什么作用，太多了又不方便乔伊斯和他们进行面对面的交流。她不想把人召集到会堂里，自己站在讲台上做报告。她想创造一种氛围让人们能够舒服地坐在一起与自己进行交流，展开建设性的讨论。

　　以前，这家公司在每年1月会有一个由280名高管参加的会议，这个群体把自己看作公司的最高管理层。乔伊斯似乎可以直接沿用以前的这种做法，但她并不打算让所有人同时参加。她建

立了一个未来发展论坛，每次有 35 个人参加，召开为期两天半的
会议。每年 8 次未来发展论坛的设立是为了促进非正式的交流，
在这些论坛上，首席执行官乔伊斯可以有足够的时间用人们可以
消化、便于理解和传达的方式，向他们解释新战略的 6 个要素。
另外，乔伊斯还想留给每个领导充分的时间来提问。

在第一天的晚上会有一个晚宴，乔伊斯花了将近 45 分钟向这
35 位领导者解释自己在制定这个新战略时所考虑的问题，例如，
为什么她认为这是正确的、未来 5 年将是什么样的、有什么样的
挑战和机会。然后，参加者分成两组，每一组有 45 分钟时间与首
席执行官及轮值管理委员会成员相互提问和回答。参加者们针对
战略的每个新要素和公司未来的发展方向，提出深思熟虑过的问
题。乔伊斯以自己的视野和信念，诚恳地回答这些问题。

乔伊斯向大家表示公司需要改变，某些战略需要调整，例如，
投资纳米技术、加大研发投入、专注于少数几个应用领域等。不
太容易完成的部分是重新规划销售团队和控制支出。在某些方面
她的政策也受到了一些质疑，例如，在收入下滑期间还加大研发
投入力度。在历史上，这家公司每当收入下滑时都会削减研发投
入，这也是华尔街想要他们做的事情。但乔伊斯看到未来公司的
发展非常依赖对研发的持续投入，于是她不但不削减，还希望人
们做好准备，以应对持续投入所带来的影响。

仅仅两次研讨会之后，事实就证明这一运营沟通机制给公司
带来了盈利的希望。会后大家的反馈显示，参加未来发展论坛是
一次极好的体验，以前在这家公司中从来没有过这样的体验，人

们对公司的新举措很兴奋，他们已经联合了起来。其他的好处也在显现，乔伊斯发现当参与者积极投入时，她自己也一样。在公司受到大量外部压力的同时，每次论坛却都让她激情迸发。当乔伊斯在考虑如何减少会议时间时，她意识到那才是自己利用得最好的一段时间。她在这个论坛上了解了大家，同时也让大家了解了她。

还有另外一个没有预料到的好处。35人的会议中经常包括一些业务团队，他们平时在一起工作，通过论坛得到了单独交流的机会。对自己业务的专业性和熟练度，再加上论坛上得到的经验，让他们干劲十足，随时准备撸起袖子大干一场，解决业务中的问题。参加论坛的超过半数的领导者在结束离开的时候，都得到了解决自己的问题的答案，或对业务有了新的见解。

随着论坛的继续，参加者们将他们的观点、行动和对公司战略的理解带回到自己的岗位上，变化逐渐得到了广泛的支持。根据2005年的一项调查，这家公司99%的高管表示知道并理解公司战略，91%接受调查的公司各级别的员工也表示，他们知道并理解公司战略。

人们只有充分理解其中的原因之后才会接受一项变化。运营沟通机制是一个很好的方式，能够帮助人们了解业务的大背景。但我们必须愿意展示我们决策背后的原因，克服自己对问题做出回应的恐惧，确保人们真的"明白了"我们的决策。

重建整个社会系统

当我们希望实现不同以往的业务目标时，几乎总要在原有的社会系统上进行修修补补。否则，人们总会按照老样子行事，得到的结果和原来还是没有什么区别。也许我们可以改变某些运营沟通机制，或是改变组合方式和对话内容，但有时候则需要一个总体上的改革。拥有这种能力和自信的领导者并不多，鲍勃·纳德利就是其中之一。当他于 2000 年被任命为家得宝公司的首席执行官时，他首先做的就是熟悉业务，很快他发现公司需要的是完全不同的结果。家得宝有着辉煌的过去，但公司面临着现金流短缺的危险，也缺少非常合格的领导者来负责以员工和投资者都习惯的高速度开设新的店铺。他必须对公司重新进行定位并设立新的目标和工作重点，而要完成所有这些任务，必须要用另一种方式将员工组织起来。

纳德利不得不重新评估公司现有的运营沟通机制，确定在每个机制中哪些起作用、哪些不起作用，以及需要做出怎样的改变才能实现新的目标。他废除了那些低效的、与新目标无关的机制，设立了新的可以促进组织实现新目标的机制。纳德利无疑是管理社会系统的行家里手，他确保每个运营沟通机制都关注在正确的议题上，在决策的重点上有明确的目的性，并使信息透明化。最重要的是，这有助于改变员工的行为，让他们更加团结协作，这较从前有了很大改观。纳德利从根本上改变了公司的整个社会系统。

当纳德利辞去通用电气能源系统业务主管成为家得宝的首席执行官时，他接手的是一家已获得了巨大成功的生机勃勃的公司。在个人魅力非凡的创始人伯尼·马库斯（Bernie Marcus）和亚瑟·布兰克（Arthur Blank）的领导下，家得宝已经从1978年时的一个单一店铺发展到2000年为止拥有1100家分店和1400亿美元销售额的大型企业。但在纳德利上任时，家得宝成功的光环下隐藏着很多问题，要解决这些问题，他需要的不仅仅是激情、充沛的精力和开拓精神。

纳德利不知疲倦地工作，收集大量的资料，从公司的各个层面进行分析，最后得出结论：家得宝将太多的精力放在销售上，除了销售还是销售，其他方面都被忽略了，甚至连利润、现金流和存货的有效管理这些重要因素都被忽视了。由于鼓励分店经理独自做出采购决策，公司无法利用大规模采购的优势来与供应商进行价格谈判，从而导致经营利润达不到应有的水平。更糟糕的是，老对手劳氏公司以其精致的店铺和更时尚的商品对家得宝造成了很大的威胁，特别是他们吸引了很多女性消费者。

摆在纳德利面前的挑战是改进经营利润、周转率（存货周期）、现金流，同时找到新的增长轨道。他认识到如果过度强调销售额的增长，以牺牲利润和现金流为代价，开设过多的新店，增长是不会持续很久的。纳德利找到了新的发展方式，可以让公司在增长的同时获得利润：改进现有店铺和新店铺的现有经营业绩；发展一些新业务，例如提供工具租赁服务和商品家庭安装服务；通过对新区域和新细分市场提供服务来开拓市场。

在考虑业务的目标和方向时，纳德利意识到他不可能单靠设立目标来指望它们最终能够自己实现，而是要通过与之相匹配的社会系统来完成这些目标。要改善周转率、经营利润、现金流等，必须要有不同的信息来源、不同的决策方式以及不同的行为。拿周转率来说，在家得宝，有种做法由来已久，那就是每个分店经理自行做出采购决策，这些决策很大部分是出于他们个人的判断，很多经理有一种偏见，认为商品应该尽可能地多，以创造更大的销售额，即便一些商品在货架上会待上数年。纳德利意识到要想改进周转率，采购多少商品的决策方式就必须做出改变，要根据不同的信息（而不是个人的判断）由不同的人来决策。同样，利润的改进也可以通过联合众多分店的购买力与供应商协商来实现，这意味着不同的决策，并由不同的人根据不同的标准来制定这些决策。

在新的定位、新的目标以及工作重点确定后，纳德利请来了他在通用电气时的同事丹尼斯·多诺万（Dennis Donovan）做人力资源负责人，帮助自己打造整个社会系统，使所有这些都能够实现。他们一起决定了从哪里获取信息，由谁做出哪些决策，由谁领导和执行这些购买决策。当得出具体方案之后，他们决定把分店采购商品的自行决策权收回，重新集中到一个采购部门。这是一个重大变动，他们还设计了一系列新的运营沟通机制来使不同职能部门的员工实现同步，向着公司的新目标前进。

明确家得宝公司在未来最需要的行为——团结合作、坦率沟通、不拘礼节、承担责任和务实高效，这些都在纳德利到任后就开始进行了。在每次和员工正式和非正式的交流中，他都在试图推广和强化这几种行为，并将其作为他选拔、提升和奖励员工的基础。从第一天开始，他就向手下强调要多问问题，要勇于接受任何任务，还要通过与人进行面对面的交流来分享信息，例如多了解顾客的想法等，这样就能看到自身的不足。

在开始的数月中，纳德利建立了一个运营沟通机制，意在使自己和领导团队充分了解外部变化和各部门业务的情况，这样高管们就可以相互协调，同时自己也可以了解工作的进度。这个运营沟通机制是一个每周一早晨举行的两小时的电话会议，所有高级经理都会参加，他们中的一些人只有二三十岁，会议讨论由纳德利亲自主持。"每周一早上两个小时？没开玩笑吧。"在纳德利上任之前就已在这家公司工作的领导者中，这样的议论并不少见，但会议是强制性的，必须参加。过了一段时间之后，人们就看到了这个会议的价值。开始时，纳德利问了许多有关各部门具体业务的问题，向大家明确表达了自己的关注和想要融入其中的意愿，同时也希望大家能够开诚布公地表达自己的真实想法。同时，通过对问题的认真解答，他也向大家展示出自己是开放和坦诚的。之前的管理层在开会时主要关注的是季度目标，但纳德利关注的则是前一周发生了什么，经理们计划在接下来的一周中做些什么，以便在更短期内做出调整。在每次会上，他都会询问经理们是否完成了承诺的计划，以此来建立团队的责任心。

随着这些关注于业绩目标，以及对于团结合作、坦率沟通、不拘礼节、承担责任和务实高效的强化（现在还在继续），经理们已经能够逐渐适应这种做法，如果有人不能适应，就会被淘汰。更重要的是，参加运营沟通机制的这些领导者有机会从首席执行官的角度看到整个公司的全局，然后他们会把这些信息带给其他组织成员。汤姆·泰勒（Tom Taylor）是当时的一个部门经理，现在是主管销售规划和市场营销的副总裁。据他回忆，在参加某个运营沟通机制的时候，他成为纳德利和其所在部门之间的桥梁。当人们在最开始的几个月质疑纳德利的诚意时，泰勒告诉他们："我也曾有过和你们一样的想法，但可以看出他是认真的。"泰勒也发现自己和其他人的行为正在变得不一样。"纳德利不喜欢人们找借口为自己开脱责任，所以当他交付给人某些责任时，他身边的其他人也会做同样的事情，这确实是一场革命。"

要使这个快速发展中的公司继续保持增长和灵活性，需要从最高层开始进行很好的协调和沟通工作。特别是那些在纳德利之前就在这家公司工作的人，更要接受前进方向、工作重点和资源配置方面的改变。最后，纳德利和他的团队设计出了家得宝最重要的运营沟通机制：战略运营和资源规划流程，即 SOAR。目的在于通过职能部门和业务部门领导的沟通协调，来设定整个公司的战略和运营工作重点。它包括要求家得宝的整个高管团队在每年8 月汇聚一堂，用 8 天的时间制定出公司的一年期和三年期规划，并制定出具体的目标和措施。

其实这个流程早在 8 月会议以前就已经开始了。纳德利和财务主管们会坐在一起，讨论如何将战略规划和未来三年的目标结合起来，以及其中应该留多少弹性空间。然后这些目标被传达到公司的各个部门，这样职能部门和业务部门的经理们就可以自下而上地找出实现这些目标的方法。例如，运营部门的高级副总裁卡尔·力博特（Carl Liebert，现任家得宝副总裁）会将自己的团队、高级营销经理和卖场管理者聚集起来，讨论如何完成业务目标。然后他会带着这个未定的规划，找到财务总监卡罗尔·托姆（Carol Tome）和业务拓展主管弗兰克·布莱克（Frank Blake），从他们的角度来检验这个计划的合理性。其他领导者在准备阶段也会这样做。

然后在开会的时候，每个人都可以同时听到他人的计划，纳德利会鼓励大家对他人的计划进行讨论，随后寻找新的方案。通过提出一些问题，例如"住宅区数量变少会怎么样"或"如果利率上升到10%，应做出哪些调整"，他鼓励团队在项目和投资上能从不同的角度提出有创造性的提案。通过这个过程，团队中每个成员都能对赞成和反对的观点有大概的了解，这样制定出的工作重点才能够更合情合理。讨论会连续进行8天，一些参加者把这比作管理训练营，这样做是为了确保每个人都清楚地记住这些信息，并且使决策不会拖拖拉拉。会议的结果是要达成共识——在短期、中期、长期内，公司该如何发展以及每个领导者应该怎样做。人们尽职尽责、团结一致。SOAR不是一个预算会议，而是一个设定工作重点的过程，团队被迫做出权衡和调整，这反过来又改变了资源的配置，这些改变的理由都是透明公开的。

作为讨论的领导者，纳德利推动同步性、透明性和自律性原则，这些都在团队成员规定的行为准则中得到了加强，如不允许进行人身攻击。这些都有利于快速做出大家都支持的决策。如果负责业务拓展和公司运营的副总裁弗兰克·布莱克看到小型店铺会有很大的发展机会，团队就会讨论把资源投入到这里是否可以达到最优化，或者其他的机会在未来的数年中是否会更有前景。通过团队中成员的相互平衡，可以保证决策更具可行性。例如，一个卖场经理也许会这样回应布莱克的提议："是个好主意，不过让我告诉你们要完成这件事会遇到的一些实际困难。"

在 SOAR 协调高层战略和经营方针的同时，还有另一个运营沟通机制——季度总结会，可以用来确保下级的行动能与全公司的工作重点相结合。在这个会议中，小区经理要向大区总裁针对相关的议题和发展机会做报告，然后这些大区总裁可以将这些内容拿到 SOAR 会议上讨论。当社会系统逐渐定型后，参加会议的高管就会把这些行为方式复制到自己的部门中。这已经在家得宝实际发生了。就像其他家得宝的同级部门一样，南部地区总裁保罗·瑞恩斯（J. Paul Raines）每季度会在自己的部门召开一个为期两天的总结会，与会者大约有 25 人，包括地区运营经理、营销经理、专业销售经理、家庭服务经理，人力资源经理。他们会就各自业务的盈亏情况进行发言，地区经理也会在会上向总裁做业务直接汇报。总结越来越多地建立在数据基础上：讨论围绕一些事先设定的标准展开，通常是针对整个公司的，包括广泛的业务问题——从毛利润、销售额到服务标准和人才更新。瑞恩斯在那些特别重要或需要特别关注的问题上深入挖掘，例如他在专业销售方面提出了很多问题，让所有参加的人都意识到了该问题的重要性。

在花费一些时间检查各部门按时完成业绩目标情况的同时，总结会最重要的一点是协调不同的部门，包括销售部门、人力资源部门、财务部门和运营部门之间的关系，确定它们的优势，相互学习，共享信息和想法。例如，休斯敦地区分店发现，将无线门铃放在停车场的仓库中展出可以帮助提高门铃的销量，其他地区的经理很快就采用了这种方法。

总结会的气氛可以是很轻松、不怎么正式的，但领导者应该将主题放在业务上。在每次总结会结束前应该明确，做出的决定要在未来 3 个月还是 6 个月内完成；在下一次季度总结开始时，也应该首先回顾这些决定的实施情况，从而保证工作的连续性。瑞恩斯每次结束的时候都会简单地说一句："大家全力以赴吧。"

家得宝的人力资源管理则是利用另一个运营沟通机制把其他业务联系起来的——由纳德利和多诺万在每年 5 ~ 6 月举行的年度总结会。他们会前往每个部门，用整整一天的时间和部门经理以及人力资源经理进行交流。他们坐在一起，根据一些资料图表、绩效和评级记录等，讨论这个部门中有才能的领导者的情况。由于参加过 SOAR，大家都知道企业需要什么样的领导者。有的时候当场就会做出提升或调动人员的决定。在讨论完部门的管理层之后，他们会讨论下一层主管和区域经理的情况。

在纳德利挑选领导者时，他十分关注他们管理社会系统的能力和心态开放程度，了解他们是不是愿意接受他人的意见，是否能够将团队的重点集中在业务目标的实现上。一位纳德利委托处理社会系统事宜的领导者卡尔·利伯特被任命为负责运营的高级副总裁，专门负责设计那些尚不存在的流程和机制。利伯特知道在商业实验室里闭门造车设计出来的任何机制最终都逃脱不了失

败的命运，于是他设计出一种运营沟通机制，让来自不同等级的
领导者从总裁到助理（销售）都能够进行交流。例如，利伯特组
建了一个团队，共同设计出更好的夜班方案。这些人中包括一些
真正在从事夜班工作的员工。不过仅仅嘴上说他与他们是同一个
团队还不够，利伯特还要做出证明。他花了一个星期和他们肩并
肩地在接货点扛箱子，最终得到了他们的信任，直到后来他们不
再觉得他是运营副总裁。于是他们之间的沟通冲破了等级的藩篱，
那些最接近问题的员工开始提出解决办法。结果显而易见，他们
快速地找到了大家都认可的方案。

利伯特还和汤姆・泰勒一起共过事，泰勒在 1983 年刚到家得
宝时还只是个停车场服务员，后来成为了主管市场营销的副总裁。
为了让员工更好地理解各自的任务，泰勒创造了一种叫作"分店
经理理事会"的运营沟通机制。在创建之初，理事会成员有泰勒
和利伯特，还有轮流参加会议的 21 个分店经理——他们由于出色
的协作能力而被选中，代表美国所有地区的各分店参加会议讨论。
分店经理理事会的设立是为了解决具体的业务问题，例如员工旷
工、不按时上班，或是店铺中的预定零售部的问题，总之就是要
从店铺的角度指导操作，从而成功实现目标。就像其他良好的运
营沟通机制一样，这一机制也带来了许多额外收获，其中之一就
是培养了人们从具体业务部门看问题的能力。在这个分店经理理
事会中，利伯特还发现了一个有非凡领导才能的经理，他有很好
的管理运营沟通机制的技巧。利伯特很仔细地观察了他，甚至到
分店里和他一起工作了一个星期，最后利伯特破格提拔了这个年

轻人，把他调到总部工作。类似这样的细微调动使公司的社会系统变得更有生命力。

纳德利和多诺万在公司里建立了许多运营沟通机制，每一个都有其具体的业务目的，他们说不这样做是不可能实现公司变化的。自从纳德利接管了家得宝，公司实现了强劲的盈利增长。到2005 年，公司收入将近翻了一番，达到 800 亿美元，每股收益比2000 年翻了一番。纳德利拥有帮助他决定应该怎么做的能力。同样重要的是，他知道如何建立一个社会系统来做到这一点。

就像我们已经看到的，在如何改造企业文化以及如何将其与公司市场定位的变化相结合这个问题上，建立起一套相应的社会系统是问题的一个突破点。管理社会系统与定位的能力对于成功同等重要。在进行社会系统重建的过程中，我们要对员工做出精准的判断。我们应该怎样选拔他们？我们应该怎样给他们安排既能为公司做出贡献，又能锻炼领导技能的工作？很多人认为判断一个人靠的是本能反应，我认为，这是一个完全可以培养的能力。我们会在第 5 章中讨论这个问题。

评价我们公司的社会系统（1 为最低分，7 为最高分）：

- 每个组织中存在的内部矛盾被摆上桌面。

- 这些矛盾及时地被那些致力于完成业务目标的人解决了。

- 不同部门之间的信息流传达顺畅，没有被隐瞒或是歪曲。

- 人们能够提出正确的问题，因此，我们既可以从 5 万英尺的高空，也可以从地面观察我们的业务，大家可以开诚布公地进行对话。

- 公司对运营沟通机制进行了精心设计，因此可以做出高质量、快速的决策，以帮助组织实现预期目标。

- 我们了解什么时候需要建立运营沟通机制，以便人们相互协调和共享信息。

- 运营沟通机制要不断做出适当改进：建立新的机制，适当合并一些机制，以及取消个别机制。

- 每个运营沟通机制都有畅通的渠道与外部真实信息相联系。

- 领导者们有面对现实的勇气和按照企业价值观重塑员工行为的能力。正确的行为和价值观得到鼓励，偏离的得到纠正。

第5章

核心技能之四：培养领导人才

　　证明我们拥有选拔和培养领导人才的能力的一个确切信号是，当我们离开一个组织时，这个组织已经比我们接管之前更加强大。这正是蒂姆（Tim）退休时留给 Jasper 数码公司（Jasper Digital）的遗产。在他领导这家技术公司长达 18 年的时间里，蒂姆已经将它从一个 1 亿美元的小公司变成了一个 20 亿美元的产业巨人。人们常常把蒂姆的成功归功于他的商业智慧和对人才的第六感。对他来说，培养年轻领导者是应该由他亲力亲为的事，他的真诚为自己赢得了这些人的忠诚。而使他受到最多赞誉的却是他对人的洞察力，他知道一个人在什么环境里能大有作为，哪些方面需要更好地发展，以及怎样使一个人发挥最大的潜力。

　　在蒂姆退休时，他不想干预新任首席执行官洛林（Lorraine）的工作，但洛林却很想借鉴蒂姆的经验。在领导 Jasper 的 6 个月里，她曾数次邀请蒂姆和他的夫人到家中共进晚餐。在主要客户和重要战略行动等事情上，她总是有很多问题要问蒂姆。有一次，他们坐在院子里，仰望着星空，她的问题也变得有点哲学意味："蒂姆，你的事业如此成功，但如果让你一切重新来过，你愿意改变什么吗？我并不是说你应该有什么遗憾，但是你有过遗憾吗？"

蒂姆坐在椅子上动都没有动。他早已有了答案："这正是那天我在想的事情，你听过乔·贝利（Joe Bailey）这个名字吗？"洛林知道他是一家《财富》500强公司的首席执行官，是一颗升起的新星。

"他是一个出色的领导者——当他负责我们在亚特兰大的销售业务时，我就已经知道了。而我却犯了一个错误，失去了他。"

"我都不知道他在我们公司工作过。"洛林说。

"那时他才20岁出头，涉世未深，但我能看到他隐藏的能量和对身边的每件事全心投入的能力。同事们都很喜欢他，我也是。他确实是藏在沙砾中的一颗钻石。"

"后来他得到提升了吗？"洛林问道。

"我的错误就犯在这了，"蒂姆答道，"他那时直接隶属于东南地区负责人的领导，这位负责人业绩不错，但已经到了职业生涯的晚期，光辉岁月已经离他远去。他习惯于保持业绩的稳定增长，满足于达到他一贯的指标。而自从这个年轻人来了之后，他才华横溢，让集团里的每个人都相形见绌。他除了完成本身的销售工作外，还提出了很多非常棒的想法，在每次演说时都能回答所有的问题，身边的人都可以从他那里得到鼓舞。但他的上司却不想让他抢尽风头，在会议中、在个人谈话中，我都可以感觉得到。

那时我刚刚开始负责北美市场的业务，想让各地区有充分的自主权，所以我什么都没说。后来乔在他的工作中就被束缚住了手脚。但那时我就已经很看好他了，就像我看好你一样！"

"这让我想起了我先生问我的一个问题，"洛林说，"当时让我很难回答，所以我来问你：当时你把我从财务主管的职位提拔上来时是怎样看我的？我不是乔，实际上你说过我过于保守。"

"不只是从一件事上，当时我看到，正是因为你，你的上司重新考虑了业务的定位。当时我们在讨论将某些产品线迁移到欧洲或进行新的市场细分的问题，我发现，你能同时在几个层面思考问题：例如，这样的决策适合我们的客户群吗？会对我们的成本结构产生什么影响？这些竞争会改变定价吗？这些通常可不是一个财务分析员能考虑到的。"

"还不止这些，"蒂姆继续说道，"我还看到你是如何与同事进行沟通的。你不轻易否定其他人的意见，而许多年轻人都不会这样，他们会排斥不同的意见来争得主动。你总是在寻找正确的答案，不管答案从何而来。因此，我吸取了上次的教训，把你安排到新的职位，这样可以让你跳出财务的圈子，检验你在业务定位和经营方面的能力。我不想你因为在一个职能部门停留过长时间，而使思维受到限制。所以我把你派到了墨西哥，就是想让你有机会独立运营一个公司，承担自负盈亏的责任。"

"那时我一直想进入管理层，但没有想到会来得那么快。"洛林说。

"你有这方面的潜力，公司有充分的理由给你放手做的空间，让你可以在实践中锻炼自己相关的能力。后来你的表现证明你做得很好，我就把拉丁美洲和北美业务分开了，这样你就可以有更多的自由度。所有这些努力在我们将目光投向中国市场的时候都得到了回报。我们需要像你这样的人才，在一个更复杂的新环境中统揽全局，不仅要适应新的业务和新的文化，还要能够和政府打交道。"

"中国对我来说确实是一个很大的拓展，"洛林说，"不管我那时对你是怎么说的，其实我对能否做好并不是很确定。"

"我想我们都知道那是会有风险的，但前期的工作已经让你有所准备，而且我也做了我的研究。我已经观察了你足够长的时间，知道你有充足的动力去学习你不知道的东西，而且我也看到在你从财务转向管理，从负责墨西哥到负责整个拉丁美洲的过程中，你已经拓展了自己的思维。我还知道你善于吸收其他人的意见，所以你能够找到自己缺少的能力。在这些方面你做得很好。我在发展新兴业务上受到了很多赞誉，但没有像你这样的领导者，我是不可能做到这些的。"

"这就是为什么大家这么尊敬你的原因，蒂姆，"洛林说，"你总能发现人们的特质，然后把他们向正确的轨道上引导。虽然杰米不具备通常情况下要求的资格，你还是让他负责市场营销，结果证明这确实是明智之举，现在他依然做得很好。"

"但要记住，我虽然创造了机会，但还是要靠人们自己的努力来取得成功，并不是每个人都能做到这一点。"

"好，我希望我也能够给我的部下提供这样的机会。"

"要多花时间，"蒂姆建议，"你应该在这方面花很多时间，如果在这上面做不好的话，你不可能带领公司达到100亿美元的目标。"

听起来蒂姆是不是有点像每个员工理想中的那种老板，也许是的，但这确实是个真实的故事，而且不止蒂姆具有这种发现并提拔管理人才的能力，还有很多人像蒂姆一样，提拔了年轻的领导者。他们积极地研究人们潜在的领导才能，创造机会让他们证明自己，不断地检验，给他们成长的空间。杰克·韦尔奇在提拔年轻的吉姆·麦克纳尼（Jim McNerney，现为波音公司首席执行官）时就是这样做的。当时麦克纳尼从通用电气倒数第二大部门的市场副总裁被提升为另一个行业的小盈亏中心的总经理。他的工作非常出色，一年后，韦尔奇任命他为通用电气金融部门的副总裁。同样，韦尔奇还将当时年轻的高德威（Dave Cote，现为霍尼韦尔公司的首席执行官）连升几级，从金融分析师职位提升到管理层。西班牙国民银行（Banco Popular，总部位于波多黎各首都圣胡安）的首席执行官理查德·卡里翁（Richard Carrion）在选拔领导者上也是如此，例如，他将一个领导者从高层调到较低层独当一面的职位，是为了让他更好地锻炼领导技能，还将财务总监和零售经理的职位互换，是要锻炼他们的能力并提高组织的灵活性。像这样的领导者，包括吉列公司（Gillette）的吉姆·基尔茨（Jim Kilts）、宝洁公司的雷富礼、高露洁的鲁本·马克、家得宝的鲍勃·纳德利和汤姆逊集团（Thomson Corporation）的理查德·哈灵顿（Richard Harrington）等都将这变成了一件常规的事务。尤其是韦尔奇，已经成就了数百人的事业。这是公司的光荣之源，也是他们自己成功的基础。

作为一个领导者，我们的职责是达成目标，但不是要我们亲力亲为。我们达成目标的能力取决于我们带动其他领导者的能力。我们必须具备相应的能力来对人才做出准确的评价，并发掘出他们的潜能。然后我们要主动给他们提供机会，不仅要发展业务，还要检验和提高他们的能力。如果他们已经达到了极限——也许是因为一些能力没有发展好或是个性使然，我们还可以介入处理这些问题。

一种通常的锻炼领导者能力的方法是，留出一个空缺的职位，看谁适合做。但是，我们首先关注的应该是人，而不是这个职位。我们应该在组织中发掘具有领导才能的人选，为他们创造机会，让他们在更复杂的环境中工作，学习新的能力，然后观察和检验他们的能力，但首先应该创造一个机制，以便使这些举措可以被规范地执行。我们必须要培养和提高自己评价人才的能力，就是说应该每月、每周、每天在这上面花费时间和精力，而不是等到年度人才总结会或是讨论继任人选时才考虑。我们应该对一个人的能力有所认识，还要从多方面了解这个人：他喜欢做什么？他是如何思考的？他和其他人是如何相处的？然后我们就可以为这个人选择一个适合的职位，人尽其才，同时提高业绩。

我们需要在实践中提高观察力，同时还要防止心理因素阻碍自己对一个人做出正确的判断。对一个人进行过于乐观或过于消极的评价所造成的负面影响都是我们难以承担的，例如"他什么也做不好"或"她是不会错的",还有那些不完整的信息都可能会造成这样的思维定式。人都是在不断成长和改变的,工作的内容也是在不断变化的,所以我们必须保持心态的开放,并不断调整我们对人的评价,以给他们安排适合的职位。我们的责任就是发现这些人才,帮助他们成长,建立一支领导梯队。

发掘领导人才

大多数公司都有人才规划或继任者规划,但其中的大多数都是基于一些预先制定的领导技能清单,而不是这个人的同事、上司、下属对他的评价。他们会聘请一个外部的专家来帮他们分析这些信息,把这些放到大背景下和其他领导者进行比较,最后得出这个人作为领导者与其他领导者的百分比差距。不管列出了多少领导技能清单,无论这些评级方法有多么专业,这种评估都不能给人一个准确的印象——这个人到底具备什么样的天赋和才能。

人并不是那么容易就可以通过简单的量化分析来被人了解的。我们也知道这样的方法具有缺陷,因为它忽略了人的潜能。作为一个领导者,我们就应该长期从整体上,在多种状况下观察一个人,然后对这些观察到的信息加以分析,才能了解这个人的真实才能。当我们建立了这种观察他人行为的能力,并透过他人的视角检验自己的判断时,我们就能够尽可能真实地了解一个人。对人的评价总是带有主观性的,但评价至少要建立在事实基础上,而事实是需要对一个人进行长期仔细的观察才能够得到的。他的行为、决策的风格是怎样的？如果我们真正找到一个人的共同风格，人们会表示认同，就连他本人也会说，"是的，这就是我"。

在快速多变、日趋复杂的外界环境中，伊万·塞登伯格通过一系列的并购有效地对弗莱森公司实施了重新定位，如同我们之前讨论过的，帮助他完成这一点的正是他从不同角度观察外部状况的能力。他还有一种能力，就是心胸豁达，这使他能够对反对的声音和他人的观点保持开放的心态。正因为如此，使他在一些并购来的公司中甘居第二，而让他人担任首席执行官。伊万·塞登伯格 30 多岁在华盛顿当院外游说者时，还没有担任什么领导职位，但他的这些能力就已经显现出来了。我在那时就认识他，我记得他在那时引导同事之间的讨论和借鉴他人意见方面具有十分出色的能力。他的上司是个很明智的领导者，他看到了塞登伯格的领导才能，并把他安排到了一个独当一面的业务部门，用来检验他是否具有担当商业领导的勇气。塞登伯格接手了一个正处于亏损中的重要部门，并将其扭亏为盈。从那时候起，他的工作无论是在规模、业务范围、复杂性上都在不断增加。他的重组才能在后来的工作中得到了发展，同时也磨炼了许多新的能力，包括观测外界变化的能力、市场定位的能力和与外部势力打交道的能力。

正确认识自己的错误和心理障碍，有助于提高自己判断他人的能力。就连杰克·韦尔奇这个以善于发现人才而著名的传奇人物也要在这上面下功夫。在自传里，他曾描述自己初期在用人时也犯过错误，但在职业生涯的后期，他已经成为一位选拔人才的大师，善于最大限度地发掘人的潜能，也善于将人从不适合他的位置上调离。韦尔奇自己承认，在他年轻的时候，常常会被人的外表、演讲技巧和学术成就迷惑。但很长一段时间后，他开始借鉴他人的观点来验证自己对关键人才的判断，例如他的朋友——副董事长拉里·博西迪（Larry Bossidy）和人力资源高级副总裁比尔·科纳蒂（Bill Conaty）就曾给了他很多建议。科纳蒂对人的判断一向非常中肯，韦尔奇一直都非常重视他的观点。韦尔奇召开董事会讨论继任候选人的时候，很自然地邀请了科纳蒂来发表对候选人的看法，因为他知道科纳蒂的观点肯定会和自己的不同。

韦尔奇会花大量的时间和下属谈话并翻阅他们的报告。他常常会将讨论延长数小时，仅仅是为了更深入地了解他们。当对人的研究成为习惯时，韦尔奇的判断能力大大改进，他变得更有见地。韦尔奇留下的一个重要遗产就是他设计的对人才的评价机制，这种机制建立在对人的本质进行多视角观察的基础上，通过这种模式它将对人才的判断制度化了。

对人才的判断应该诚实中肯，但关注点应该放在积极的方面。每个人都会有缺点，而领导者不会因为有缺点就不能取得成功。我们必须首先确定一个人的天赋和倾向，然后为其寻找相应的环境让他们的才能有用武之地。如果他的缺点确实会对工作造成障碍，我们应该帮助他，看有没有办法可以克服。有时候人们在一些特别的能力上确实有缺点，例如在和外界打交道方面，常常有一些坏习惯，像喜欢在他人还没有说完话之前就打断他人等。

这些都是比较容易纠正的缺点。想要一个人变得完美无缺是不现实的。

在一次关于人力资源的董事会上，韦尔奇对一个接二连三取得成功的人才大加赞赏。过了一会儿，一位董事问道："杰克，我们经历过特别糟糕的一年吗？我们从中学到了很多东西吗？"韦尔奇马上就明白了他的意思。他当然经历过，人们从逆境中学到的东西往往比在成功时学到的还要多。对于在逆境中的人，我们不应该没有经过深入探究就不再看重他。也许他的确做了糟糕的决定，可他从中学到东西了吗？他思考过应该怎么做才能不重蹈覆辙吗？单凭大量的业绩指标来评价一个人是得不到真实的结论的。深入的调查能够帮助我们从更广阔的视野观察一个人，而不忽略那些已经认识到自己错误的人，以及那些由于外界环境超出他们的控制范围，例如竞争对手突然采取的出乎意料的行动而失败的人。

收集多方面的意见

当我们认真观察，把关于一个人的各种信息联系起来时，我们的判断就开始接近这个人的真实情况了。判断一个人的最好方法就是将最了解这个人的五六个人召集起来，坐下来比较他们对这个人的看法，并互相提问，讨论得越具体越好。例如一个人说，"她很聪明"，我们就要跟着问："在哪些方面表现得聪明，你认为她聪明的原因是什么？"如果另一个人说，"他总能抢在他人之前回答问题"，那证明他思维敏捷，但他有思考的深度吗？他的回答经常是正确的吗？如果错了他愿意承认吗？我们应该搜集证据，超越表面的一般信息，深入地探究问题的本质。这种方法可以让我们对一个人的优点和缺点有更加全面的认识，知道这些特质在什么样的情况下会表现出来。

一位首席执行官引入了一种很好的方法，让管理团队分享自己对脱颖而出的领导者的看法。在一个会议中，他将团队成员分成若干小组，然后给所有小组成员同一个人的名字，一次一个。每次让小组指出这个人的5个优点——不许有缺点，只能有优点。第一个被讨论的是一位有着优秀品质的年轻领导者：她的性格直接、坦率，能够指出人们的错误，这在这个一贯奉行礼让和不对抗文化的公司里是不常见的。在这些高管列出清单的同时，他们可以相互纠正，因为像"太鲁莽"和"太直接"这些很明显不是优点的词汇不断涌现。

然而，人们最终还是发现了她的优点。这位年轻领导者可以超越目前的职能工作，胜任更高的职位。她能够将一个任务分解成小的易于管理的任务，并逐一分派出去。她善于指导他人，并和他人分享自己的知识；她知道如何盈利。所有这些观点都有具体的事例来说明。小组的观点被集中起来，最后显示出的是她已经具备了一个总经理的所有特质。然后首席执行官提出了问题："如果这些都是真的话，为什么不干脆让她当总经理呢？"大家回答说她太直率了。"如果我们把她放到通用电气、英特尔或戴尔这样的公司，结果会怎样呢？在那些公司里，她不说废话的优点是要受到重视的。"首席执行官反驳道。团队中一个曾在通用电气工作过的人证实道："他们会爱上她的！"房间里爆发出一阵笑声。他们了解了这个女人的天赋，也明白了在什么样的环境下这些天赋才能发挥出来。这是一幅完整的画像，仅用标准的能力清单是不可能描画出来的。对于一个结果导向的总经理来说，直率是对的，并不是缺点。

位于密歇根州的 DTE 能源公司也自创了一种类似的方法，这是由人力资源高级副总裁拉里·斯图尔特（Larry Steward）发明的，当时管理团队在讨论几位很重要的部门领导者时，他们发表了自己对这些人的看法，主要集中在他们的能力、潜力，以及对他们的进一步培养可以使公司在哪些方面受益。所有的高管们都要写下 20 条关于这些领导者的看法，还要有具体事例来说明，然后大家讨论这些看法。每次都会出现很多相同的观点。对这些观点进行汇总后，得出一个大家都认可的对某个人的一致评价。当然，那些不同的观点也不会被人忽视。如果其他人不同意一个人的观点，团队就会做更深入的研究。如果已经没有不同观点的话，观察者也知道在会后应该提醒下属领导者注意什么。

对某个人、某件事进行多角度的观察，可以避免个人的偏见和心态上的曲解。主持这个讨论的首席执行官托尼·厄尔利（Tony Earley）让讨论尽量直率而具体，努力让大家达成一致。

当厄尔利和斯图尔特在 2002 年刚开始引入这种方法时，每次 8 小时的会议要讨论 8 个人，但到后来，人们已习惯了这种方法，也对要讨论的人有了更深入的了解，因此现在每次会议中，他们可以讨论 15 个人的具体能力及其发展需求。对于同一个人，他们会进行多次的讨论，一年得有七八次，这让他们可以检验自己的观点，找出更多证据来验证对某人的判断。

一旦团队发现一个人的才能，他们就会试着找到适合这个人发挥其才能的职位。例如，通过这些会议，团队发现一位财务领导者除了拥有众所周知的财务能力之外，还是个优秀的教师、谈判专家和战略思想家。他很聪明，有很强的语言沟通技巧，了解公司的历史；他很严格，坚忍不拔，具有非凡的创造力。他注定就只能当财务总监吗？他们并不确定是不是应该把他安排到华尔街工作。其他人提出另外一个建议：如果把他安排到密歇根公共服务委员会，他一定会做得更好。为什么不让他处理这些政策事务呢？这样他就可以处理这些公共服务和面向公众的事务了。

这次调动为这位财务部门领导打开了一扇大门，让他看到发展的新天地，他自己也很满意。新的工作也对他提出了新的要求。由于他缺乏从事政策事务的工作经验，他需要进一步扩展自己的视野，不再仅仅是对数据的定量分析，还需要更多定性分析的能力。领导团队为他制订了一个转型计划，包括给这个财务领导讲授相关的历史知识和背景，接受领导的教练和辅导。同时他也将一些公司需要的东西带到了新工作当中。DTE 在未来的几年中将要把许多评级的工作交给密歇根公共服务委员会处理，他们需要一个有创造性并个性坚韧的人来做好这件事。

在这之前，DTE 的领导层并不喜欢在公司内部进行人员调动，因为他们担心员工在新的岗位上不适应会给公司造成负面影响。但是通过这种头脑风暴，领导层明确了不同人才的天赋，扩展了他们的视野，看到了更多种可能性。领导层的总体理念已经发生了变化，从看一个人是否适合一种工作，到全面寻求人才和工作的协调。在一次会议中，一位副总裁正在谈论自己的一个直接下属，中间突然停了下来："为什么我要替他辩护，这本来就没什么关系嘛。"他自嘲自己的错误，他的幽默也让会议气氛变得更坦诚、更轻松。

大多数公司都有这样的会议，但如果我们将焦点放在较少的一些人身上，挖得更深一些，瞄准他们的优点，着眼在具体的细节上，就会得到更好的效果。

了解一个人的真实情况

要辨别一位领导者的真实能力，以及他适合做什么，深入研究是至关重要的。在一家年收入 30 亿美元的制造公司中，长期任职的首席执行官就要退休了，董事会很清楚要让公司向更高的层次迈进需要什么样的领导者，于是他们决心要寻找一位合适的继任人选。这家公司曾经历了地狱般的 10 年，杠杆并购导致沉重的负债，现金流非常紧张。现任的这位个性开放的首席执行官表现非常出色，他精简了公司业务，改善了全球采购，降低了营运资本，赢得了两位数百分比的利润率和高于业界平均水平的收入增长。继任者应该能够加速收入增长，拓宽业务基础，在像中国和印度这样的新兴市场有更大的作为。

一个猎头公司强烈推荐弗兰克为继任人选，他年龄适中，曾在欧洲工作，毕业于顶级商学院，具有非常好的表达能力。他曾在一家跨国公司中负责一个100亿美元的业务，并差点被任命为这家公司的首席执行官。猎头公司指出，虽然他想辞去现在业务部门总裁的职位，寻找担任首席执行官的机会，但一个只有他业务部门规模1/3的公司也许很难吸引他。

为了明确弗兰克和其他候选人的才能，董事会的"继任首席执行官选拔委员会"深入调查了这些候选人的真实业绩和他们的决策方法。弗兰克在面试中的表现表明他确实能言善辩并且很可能在华尔街有所作为。他智商很高、魅力超凡、讨人喜爱。但他在以前的公司中到底做得怎样？猎头公司的报告对弗兰克极尽赞誉之词，却没有提到任何弗兰克在就职部门中获得的具体的财务成绩，而且这个部门的业务并没有公开。在一对一的面试中，董事们都对弗兰克提出了关于以前部门的业务问题，然后他们把这些结果拼到一起，结果发现在他整整7年的任期里，业务部门的利润率从来没有超过3%，投资回报率也从没有超过6%。他说曾经采取过革新手段精简生产流程并引进新产品，但在他的领导下，市场份额一直趋平甚至有所下滑。表面看起来他对新兴市场的外包业务了解很多，可他在关于市场定位、盈利以及规范经营等方面的能力上却存在很多问题。这样的可信度又怎样领导一个已经有两位数百分比利润率和25%以上资本回报率的公司呢？委员会很懊恼，放弃了弗兰克。

然后是另一位候选人马克，他将公司以前的投资回报率从14%提升到了22%，掌握六西格玛管理方法（six sigma），在改进利润、周转率和完成指标方面都有出色的量化业绩记录，这些都是候选人需要的品质，但董事会还不能完全相信他就是最佳人选。还有一些未知的和不确定的东西：没人能确定他能否在华尔街做好管理工作；还有一些保守的意见，质疑他能不能为公司带来增长。他们最终决定冒这个险，因为他的优点和这个工作所需的大多数标准都十分相符，大家决定对他继续观察。在接下来的 4 年里，马克的表现达到了大家的预期。处理华尔街事务和带动公司增长这些以前容易受到质疑的方面却成为马克表现最好的领域。他没有浮华的行动，但却非常可信，华尔街终归是看业绩说话的。他实现了稳定、不招摇的增长，股票价格翻了三倍，这些都是由低科技含量的业务完成的。

在一个资产数十亿美元的大公司中，新任首席执行官得知一个叫李的人正野心勃勃，想要从第三把交椅——收入几十亿美元的第二大盈利业务高级副总裁的职位，谋求提升到第一或者第二把交椅——总裁或首席运营官的位置，他感到非常吃惊。这位新任的首席执行官听到关于李的大多数事情是正面的，但他想在做出重大人事决策之前进一步了解关于李的更多情况。这个公司还没有一个对人才进行评估的完善机制，所以首席执行官问了许多关于李的问题。收集到的资料显示李精力充沛、不知疲倦，能够鼓舞团队。他在生产制造方面的管理非常成功，特别是在成本控制上成绩突出。他决策果断、指挥力和控制力强。首席执行官本人也在员工扩大会议上观察到，李很乐意成为被关注的焦点。然而，李并没有培养下属的记录，他以自我为中心、野心勃勃、思考问题时只在乎目标，不怎么考虑所依靠的基础。当被赋予更大的责任时，他看起来并不能同时照顾到各个方面。他无法看到大的愿景，也无法预测到随后的结果。

有了关于李的观察和评论，首席执行官开始坐下来仔细地考虑他的这些特点。李的能力看起来领域很狭窄，他好像不懂得如何构建组织或培养下属领导者，不知道他之前是怎么被提拔上来的。进一步的询问让他得出了问题的答案：原来，他是通过对老板们施加压力才得到了数次晋升——就像他对新任首席执行官要求的那样，他让他们相信自己是不可或缺的。然而，新任首席执行官可不是吃素的。他对李进行了观察，根据事实，没有对他提升；相反，将他撤离了现在的岗位。

收集多方面的意见和看法对了解一个人非常重要，但我们必须要有自己的一套方法体系来保证信息的更新，就像中国香港一家非常成功的制造公司——德昌电机（Johnson Electric）的首席执行官汪穗中（Patrick Wang）所做的那样。每次他和下属见面或通电话时，都会记录下对这个人从不同角度的观察——他们做得好不好、看起来需要什么帮助、行为是怎样变化的。然后，每天要花至少 15 分钟的时间来仔细思考这些观察，考虑其背后的原因。

通用电气的 CEO 杰夫·伊梅尔特把 30% ~ 40% 的时间用在了对下属的教练、培训和管理上。对于那些最高层的领导者，他会说：“我们所做的每一件事都是在进行一种业绩回顾，每个讨论都变成人才管理讨论。我每天都在思考这个团队的培养与管理。”拥有这种能力的领导者能够按时达成目标，因为他们抓住了重点。

以恰当的方式培养领导者

帮助领导者认识到他们的潜能，不但意味着要帮助他们扫清成长道路上的障碍，还意味着要帮助他们认清当前工作中需要加强的方面。这就是领导工作比较个性化的方面。我们要告诉领导者什么地方做得好、什么地方做得不好，这种面对面的对话是不可或缺的。我们不应该惧怕这样的回应，这些回应可能影响我们帮助领导者成长和提高自身能力。

斯图亚特（一家全球化制造和服务公司的首席执行官）找到了一种简单的方法来拯救凯特，凯特具有成为一名优秀财务总监的潜力，但很难适应公司的中西部文化。凯特凭借其出色的财务能力进入了公司，在第一年就发现了许多重要的问题，并坚持把这些问题摆到桌面上解决。但团队的其他人常常抱怨她对同事态度生硬，对下属太过严厉，好像根本就没有融入公司文化。斯图亚特看到了她的才能和贡献，对她开诚布公地谈了这个问题，试着让她做出一些改变。他甚至还非常用心地给她挑选了一位导师。他不想让凯特失去自己的锋芒；他想让她继续提出尖锐的问题，制定严格的标准，只是在方法上更具有建设性。她的教练坦率地说明了她存在的问题，提出了一些具体的建议。其中之一就是在下属向自己报告时，不应只挑他们的缺点，最好也关注他们的优点。最好不要当着他人的面批评下属，要指出哪些地方不错，然后提出一些具体的改进建议。也不要再骂脏字——这是绝对不行的。仅仅几个星期之后，人们就感觉到了她的改变。公司保住了一个人才，凯特自己也在这些看到她变化的同事的支持和鼓励下不断进步。

许多公司使用的 360 度评估（360-degree evaluations）对人才培养是有帮助的，但我们应该考虑如何使用。不要试图一下评估所有的方面，应该让这个人每次只在一两件事上努力改变。对于一个领导者来说，如果在 360 度评估中，每项得分都很低（5 分制，小于 3 分），那就应该好好改善和同事的关系了。例如，丙是公司内部接任首席执行官的 4 个候选人之一，他的低分让老板非常困惑。首席执行官知道他是一个优秀的实干家，能够稳定地创造全公司 70% 的利润，勤奋好学，积极进取，善于归纳总结。但显然他在和同事一起工作的时候，有什么地方不对。通过不断地探寻和查问，老板终于找到了问题所在——当他尊敬一个人时，他会表现得很好；但当他不尊敬一个人时，他的厌恶就会溢于言表。这种行为成为一种障碍，使他无法发挥潜能。首席执行官随即提醒了这位领导，希望能引起他的注意，这位领导立即就承认确实是这样，并许诺会控制自己的行为。这种方式，无论是我们亲自做还是委托顾问或导师来做，都会改善我们的判断能力，并对我们掌握其他管理能力有很大的帮助。

必须坚持的标准

当我们将一个领导者安排到新的职位时，我们不但要了解这个人，还要了解这个职位需要什么样的能力。和通常的观念不同，列出的长长一串标准并不能明确指出这个职位真正需要什么。这是有道理的，众多标准只会让人陷入思维混乱，过于笼统的要求无法确定哪个人真正适合这个职位。更糟糕的是，当标准过于笼统时，最佳人选常会落选，而选出的往往是泛泛之辈。结果就是组织得到一个庸才，而真正的人才却要忍受被埋没的痛苦。我们必须要有敏锐的观察力，能够判断出要做某项工作，这个人必须拥有什么样的特质，然后制定三四个必须坚持的既定标准，这些都是不能妥协的。经过在零售业雇用员工的多年实践，本·卡姆马拉塔（Ben Cammarata）这位 150 亿美元规模的折扣零售店 TJX 的成功创建者兼首席执行官，已经非常善于雇用、培养和留住零售业方面的管理人才。他的标准简单而明确：必须有街头智慧（street smart），有良好的人际沟通技巧，有很好的商业直觉。他相信，这几项没有一个是可以在短期内教会的。

要让组织正常运转，我们必须要坚持某些标准。在 20 世纪 90 年代初期，大家预测"蓝色巨人"（Big Blue）将要衰退时，IBM 很好地坚持了他们的工作标准。当时，投资者抱怨 IBM 丧失了许多外界认为他们应该追求的机会，例如退出大型机业务，进入微处理器和软件市场。他们并不认为首席执行官约翰·埃克斯（John Akers）将公司分割为两个自治营业单位的计划会解决什么问题。在公司暗淡的财务前景和活跃股东的推动下，IBM 公司的董事会做出了一个艰难的决定——重新选择首席执行官。

由于没有明确可以接任埃克斯职位的人选，业内人士到处打听消息。从分析师的理智判断到乡村俱乐部的小道传言，大家都在讨论一件事：谁会成为 IBM 的下一任领导者。在征求各方管理专家的意见时，董事会得出了这样一些关于这项工作的标准：IBM 所需要的领导者要有高超的智商和情商、叛逆的精神和良好的技术背景。"必须要有一流的电脑技术背景。"1993 年 1 月的《纽约时报》头条这样写道。其中两个人选经常被大家提及，那就是苹果电脑公司的约翰·斯卡利（John Sculley）和摩托罗拉公司的乔治·菲舍尔（George Fisher），他们都有技术背景。

然而 IBM 的董事会认为，公司首先需要的是一个经营者和改革家。新任领导者必须要有能力来诊断导致利润下滑、现金流紧张、收入停滞的原因，然后进行组织变化，适应新的现实环境。因此，技术背景反而不是最重要的。根据这个标准，IBM 最终锁定了纳贝斯克控股公司（RJR Nabisco）的首席执行官郭士纳（Lou Gerstner）。郭士纳不是一个技术专家，纳贝斯克控股公司的业务是食品和烟草。但他非常善于诊断复杂的业务，然后将其重新定位，以贴近顾客需求。在美国运通公司（American Express）负责旅行相关业务时，郭士纳曾实现了惊人的逆转，不仅削减了成本，还在连续 12 年的时间里实现了公司业绩两位数百分比的增长。

董事会的选择后来证明是明智的。当许多行业专家都断定大型机已经没有前途时，郭士纳做出了自己的分析。他从顾客的角度出发，发现 IBM 的大型机业务已被竞争者夺走了。市场还是存在的，但竞争已迫使 IBM 大幅度降低了价格，同时 IBM 的财务部门为了保证利润率，已经不允许再降价了。IBM 产品昂贵的价格激怒了顾客，从而将公司引入了一个恶性循环，市场份额萎缩，收入下滑，现金流收紧，固定成本却依然保持高位。

郭士纳得出结论, 为了面对现实, IBM 的定价机制必须做出重大调整。这意味着成本必须进行大幅削减 (大约 70 亿美元), 为此他聘用了一名成本观念很强的财务总监来执行这个任务, 包括打破 "无裁员" 的禁忌。但郭士纳并不是只会削减成本, 他引入了服务和软件业务, 此举使 IBM 打破了对硬件部门的依赖, 充分利用起自己强大的客户关系。接着, 他又做出了更多的决定: 为了进行变化, IBM 需要新的技术、新的组织结构和新的思维方式。郭士纳完成了这些转变, 从而使 IBM 起死回生。董事会坚持既定标准, 寻找适合这些标准的领导, 这一举措改变了这个公司的命运。通过设置这些标准并坚持既定标准, 以及拒绝业界人士的干扰, IBM 董事会的首席执行官选拔委员会为美国的经济社会保留了一颗明珠。

当密歇根蓝十字蓝盾公司 (Blue Cross Blue Shield of Michigan) 的首席执行官理查德 E. 怀特默宣布将在 2006 年退休时, 公司的财务状况比较良好, 但仍面临着巨大的不确定性, 因为保健行业在未来数年中将如何变化还不得而知。对于新首席执行官来说, 必须坚持的标准是: 他要具有在医疗成本飞涨、竞争对手涌现、联邦政府和州政府动向不明的大背景下重新对业务进行定位的能力。选拔首席执行官的过程掺杂了许多政治因素, 因为公司董事会代表了不同的政治势力, 包括州立法机构、本地公司、协会等, 其中一些具有天生的政治性, 并互不相容。董事会成员不是保健方面的专家, 但他们花费了大量时间与许多专家讨论, 这些专家帮他们明确了未来的趋势和蓝十字蓝盾公司在未来将面临的问题。这使他们弄清了标准是什么，尤其是在环境变化的条件下重新定位的能力和协调不同势力的能力应如何定义。董事会终于实现了选择首席执行官决策的非政治化，并得到了大家的一致同意。丹·罗伊普（Dan Loepp）是满足这些标准的最佳人选。他能够在竞争对手、政策环境、消费者和社会需求不断变化的情况下，果断地做出应对决策。他能够在复杂和两难的境地中找到前进的道路，同时也具备开放的心态，愿和不同的外部团体合作，例如保健提供商、协会以及其他利益团体。

改变命运的力量

在确保领导者满足我们的既定标准的同时，我们也不能因为过于关注职位的要求而忽略了人才的发展。我们必须积极地寻找机会，甚至为了人才的发展创造一些职位，这些创造性的举动虽然看起来比较冒险，但能让我们得到巨大的回报，就像西班牙国民银行的首席执行官理查德·卡里翁经常做的那样。当时他聘用了卡洛斯·瓦兹奎兹（Carlos Vázquez），刚开始让他负责风险管理，这是个很不受欢迎的职位，因为这项差事最得罪人。瓦兹奎兹工作得非常出色，但卡里翁认为他还可以做得更好。为了扩展他的能力，卡里翁把他调到了一线经理的职位上，在那里，他可以从管理几个人开始一直到领导数百人，经营一个完全自负盈亏的机构。一线经理的经验给他提供了更多的选择。另一个例子，卡里翁将大卫·查菲（David Chafey），现任波多黎各银行（Puerto

Rican Bank）总裁，从财务部门调到了销售部门。查菲开始时做银行业务，后来进入了投资银行，最后又回来担任财务总监。按照卡里翁的话说，他就是"很有做财务总监的才能"。卡里翁知道查菲有抱负，相信如果他有更广泛的业务视野的话一定会更优秀，并能成功地实现转型，因此他把查菲调到了销售系统担任领导。卡里翁发现罗伯特·埃伦西亚（Roberto Herencia）也具备这种领导力，便为他扫清了前进的道路，让他负责西班牙国民银行北美分行，并确保他的领导工作能够不受干涉、独立操作。卡里翁解释说："每当我们想要通过一线领导岗位来培养锻炼人才时，就会等待最近的机会，将他的名字及其他两三个人放在一起作为候选人。"

如果我们稍做妥协，让不完全符合这些标准的人担任了这个职务，也许是因为我们想看看他们能不能通过自我改进来达到标准，我们就必须决定我们将提供什么帮助，同时也要做好准备，如果我们所希望的成长没有出现，我们就要推翻我们最初的决定。选拔领导者不是没有风险，必须仔细观察所挑选的人才是否能为我们快速地解决问题。

一位科技公司的总裁决定让一位著名的研究员在公司中担任业务领导职务，而当时这位总裁刚刚上任还不到一年。他这样做是因为他相信这位专家是少有的人才，既是工程师、发明家、学者，又很有商业智慧。他看到这位分析师非常聪明，求知欲强烈，能够适应外界变化，对经营很有兴趣。但这位总裁也考虑到了风险，从一开始他就对领导者的成功意味着什么有很清楚的认识。

成功就是和他人一起把事情做成，并且能够做好权衡。他非常清楚自己想要的是什么，同时也能让这位研究员意识到这一点。"研究员一个人就可以运转整个实验室，"总裁解释道，"但一个商业领导者却不能这样，所以我一开始就想让他明白，他以前的一些背景和习惯有可能给以后的工作造成障碍。"总裁告诉研究员，到年底的时候他应该与财务总监和市场总监处理好关系。他让这位研究员把他们之间的关系想象为一个从 1 到 10 的数轴。1 表示"我和你们根本没有联系"，10 "表示我和你们联系很紧密"，5 是最坏的情况，因为这表示既不完全同意，也不完全不同意，可能根本不坦诚。

整整一年中，总裁常常把研究员叫到一边问他："1 到 10，你们到几了？"有时候研究员会给总裁发电子邮件说："已经完成 0.5 了。"总裁就会明白他的意思了。这种数轴就像是一种简便的代码，总裁和研究员都明白其中的意思。这样的交流继续下去，提供了一种评估他在工作中取得的进展情况的方法。

当我们把每个领导人才的培养看成工作的一部分来对待时，就能对他人做出更好的判断，创造出更好的方式来开发他们的潜能，给予他们更好的影响。具有这些能力的领导者善于利用一些非正式的机会来更好地了解他人并提供指导。例如，当卡里翁为参加一个运营会议要从圣胡安飞到费城时，他会让一个年轻的领导和自己同行，这样他们就可以单独地进行对话了。"利用这个机会我可以聆听他的想法或对他进行检验，"卡里翁说，"我们看到了他们的才能，但同时坦白地说，我们也看到了他们的差距，这样我们就可以判断在这个工作上他们怎样才能做得更好。"

高露洁的总裁兼首席运营官伊恩·库克（Ian Cook）非常善于培养人才，拥有很多相关的经验，例如，利用下班开车回家的时间和员工进行一对一的交谈。在他经营高露洁墨西哥公司时，公司在多米尼加的一个女性领导者克里斯蒂娜被谋杀了，而他必须将这个坏消息告诉她的父母。当他们知道后，痛不欲生，他们是第一代在美国定居的墨西哥人，父亲经营玉米饼、薯条生意，女儿在哈佛完成大学学业，是他们的骄傲和快乐。克里斯蒂娜当时还是单身，所以库克和自己的妻子还常常邀请她来参加乡村俱乐部或自己家的烧烤晚会。

在库克告知克里斯蒂娜的父母她的死讯后，他发现她的父母能够回想起每次他与克里斯蒂娜的谈话。他们知道很多关于库克的妻子和孩子的事情，虽然他们从来没有见过面。库克与克里斯蒂娜私底下的谈话显然对她影响很深，她还将许多内容告诉了自己的父母。就像库克自己说的："如果我们对人是真诚的，那我和你们的关系将能够经得起时间的考验。"从那以后，库克一直和克里斯蒂娜的父母保持着联系。

建设性地处理人员错配问题

选拔人才担任工作总会有一些赌博的意味。磨炼我们对人的判断技巧可以降低这种风险，但要完全肯定一个人可以将工作做好，不会受其缺点的影响，这是不可能的。人的问题不会那么容易显现出来，但如果对其视而不见的话，不但会使组织的发展受阻，也会使我们作为一个领导者的个人发展受到挫败。

凌晨 3 点，菲利普还在和丹谈话，丹是他下属的三个部门中的领导之一，同时也是一个让他头疼的人。

"你就相信我们的技术吧，"丹说，"这可是西岸的东西……你肯定不会想要 Z-stacks（一种生物器材）和离子束（ion beams）吧，菲利普？"

担任总裁 11 个月以后，菲利普还是无法从丹的口中得到确切的答案。丹的部门当初是以企业风险项目的方式建立的，主要研制光学技术领域的新产品，这个市场具有很大的潜力。如果他们能在韩国人和日本人之前研制出可以商业化的产品，最初 5 亿美元的投资带来的回报将会是巨大的。然而丹每次在和菲利普讨论时，都会马上说他们已经有所进展，只是还没有到"那儿"。菲利普每次都只能一头雾水地离开，搞不清楚他们的技术问题是什么、他们将怎样解决、什么时候解决。他无法得到准确的信息，什么时候这个部门才能停止花钱，开始赚钱。公司也越来越没有耐心了，觉得将会在竞争中失利，丹却无所畏惧。在去年 7 月，菲利普要求他按照时间表达成目标时，丹提出需要额外的预算，并抱怨公司对风险的容忍度太低了。

眼看快到年度总结会了，菲利普对丹的失望情绪已经到达了顶点。但替换他的想法是不实际的，菲利普不是技术专家，他的老板也不认为他非得是一个技术专家。当初菲利普被选中是因为他在执行财务控制、激发员工、达成目标方面有着很好的记录。

没有技术背景，怎么能够保证可以选出合适的人来替换丹？他已经犯不起任何错误，耽误不起任何时间了。当然他必须把这个坏消息告诉自己的前任，也就是现在的老板，就是他聘用了丹。当时他几乎是用政变的方式吸引这个资深的技术专家来到他们这样一个老牌的东海岸公司的，而且令人惊讶的是，丹几乎把原班人马原封不动地带了过来，如果丹走了，这些人很可能也会跟他走。

第二天，经过对整个事情仔细的思考，菲利普意识到当初犯的错误——他没有让丹设定一个可以衡量的具体时间表。但他在脑中将所有和丹有关的点滴信息集中起来仔细思考，包括丹以前的谈话、他完成的和没有完成的目标、他做的决定、对自己和他人说的话等，他形成了一个完整的印象。丹不喜欢受到约束，他会抓住每次机会来躲避这种约束。他以技术为幌子来逃避责任，他尽量不让菲利普和自己部门的人直接交流，例如，在下属做完陈述之后，他会替他们回答菲利普的问题。他们对丹的忠诚是显而易见的，例如，他们会尽量拖延时间，不愿和菲利普以及公司的其他人交流，就连对最终要销售他们产品的市场部门人员，他们也不愿意接触。菲利普调查了丹的档案，发现虽然他的简历上列出了一些有名的公司，但他从来没有在一个公司任职超过 3 年，每次都是在要出结果之前就离开了。

这样的事情一而再、再而三地发生，而所犯的错误又是不可原谅的，菲利普不得不得出结论：尽管拥有技术才能，但丹不是领导这个部门的合适人选。当菲利普告诉老板这一切时，结果是他完全没有预料到的：老板完全支持他撤换丹的决定，但也告诉他这个决定做得太晚了，公司已经损失了先前花费的时间和金钱。这成为菲利普领导纪录上的一个污点，用了很多年才抹去。

菲利普本应该确保人选达到职位的所有要求，而不应该在乎这个人是谁聘用的，并且应该在开始感觉不对劲时就深入调查原因。一些顾虑并不应该成为问题，例如，他人会说丹的工作太重要了，因为这是 5 亿美元的投资，如果成功可能有机会领导新兴市场，如果项目没有当初规划的那样成功将会使公司收入遭到损失等。丹没有把技术转化为上市产品的能力，不能接受其他职能部门人的意见，也不能将工程分解成可衡量的步骤。菲利普本应该在一开始发现问题时就收集必要的信息对丹做深入的判断，但不安全感让他退缩了，甚至在丹的行为给团队、社会系统以及业务目标造成障碍时，他依然没有果断出手。

人会忍受短期的失望，所以如果我们认为可以想办法纠正他的行为，让他步入正轨，就不会过快地撤换这个人。但许多经营问题都是由于放任造成的，忽略了有时人赶不上工作的变化，而有时反过来，工作赶不上人的变化，或许让此人担任此职的决策一开始就是错误的。也许我们没有处理问题，而是不断积累对这个人的怨恨，甚至排斥他，直到出现大麻烦，才让这个人离开。

逃避这些状况是由多种心理原因造成的。例如，担心这个人的反应，或出于忠诚感，或是希望他人对自己有好感。有一位领导者被安排负责一个部门时，她马上知道其中两个下属对工作心不在焉，也知道自己的一举一动都被大家盯着，她自己也不想被人看作一个铁面屠夫。她硬撑了几个月，最终得出结论，如果依靠这些人的话，自己的领导位置肯定是坐不长的。

要判定我们选择的领导者是不是真的称职，仅仅熟悉这个人是远远不够的，必须要经过仔细的考量。不过熟知一个人也是有好处的，对一个人的熟悉可以帮我们观察这个人的发展过程。当约翰被委派去扭转一个比自己原来的部门大很多的部门的经营状况后，他全身心地投入到工作中，判断出后勤是帮助这个部门走出困境的关键。为了得到帮助，约翰立即找到了库尔特（他以前工作中的左膀右臂）。库尔特是一名优秀的执行者，他在初期还担任过货运公司的顾问。约翰请库尔特来为他工作，库尔特愉快地接受了邀请。

在接下来的几个月中，每次约翰的老板问他库尔特做得怎么样时，约翰都不假思索地回答："他做得很好。"实际上，他做得并不好。后勤上出现的问题在不断累积，除了约翰，其他人都看到了。即便是在首席执行官频繁地询问下他还是没有意识到。在第一年年底，存货不降反增，部门没能实现财务目标，顾客在送货问题上非常不满。首席执行官不想贬低约翰的领导力，因此在这一年中他不断劝说约翰，想要让他相信，库尔特在要完成的工作上做得并不好。约翰并不是完全看不到库尔特的缺点，但他不断告诉自己可以指导库尔特取得成功。在内心深处，由于被一种不安全感阻碍，他更愿意和库尔特相处，而不是换成一个他不熟悉的人。

首席执行官的耐心终于达到了极限。当看到约翰对库尔特没有采取任何措施时，首席执行官对约翰说自己正在对他失去信心，让他在 48 小时内提出新的方案。最终约翰撤掉了库尔特,换了一个新人。

报恩或人情常常也会成为决策时的障碍。一家公司的首席执行官兰迪,在如何处理与财务总监的分歧上非常为难。他在上任后不久就聘用了一位财务总监,并一直对她心存感激,因为她帮助自己理顺了无数的账务问题,规范了财务报告制度,并且和自己在提高产量上并肩作战,最终使公司股票价格翻了 5 倍。然而,虽然账务上的问题解决了,又出现了新的财务问题。公司计划扩张,这就需要在财务上对收购兼并的可行性进行分析。这时,财务总监将一个收购计划摆到了首席执行官的桌子上,坚持说这是一次绝佳的机会,价格非常合适。兰迪在财务总监激情的感染下也有一点动摇了,但有件事情让他想不通,财务总监的提案给对方的报价非常低。目标公司并没有出现什么危机,为什么他们会接受如此低的价格。如果这样的低价最后证明是虚报的,遭到失败,股东和媒体会做何反应?总之,事情看起来并没那么简单。财务总监没有放弃,直到最后首席执行官否决了这个提案。几个月后,财务总监又提出了一个交易提案,又一次经过分析,证明这是既天真又不完善的。这个提案没有考虑到交易会对现金流和股东价值造成的负面影响。兰迪又否决了第二次的并购提案,然后是第三次否决,因为在经济上根本不合理。

兰迪否决了财务总监的几个提案,但他还是支持自己的这位直接下属,她也得到了华尔街和董事会的认可。然而接下来发生的事情刺激兰迪调整了自己的判断。一位证券分析师深入研究公司的现金流状况并发现了问题。财务总监否认了分析师的判断，向老板保证现金流运转得很好。而几个月后，公司的现金流问题就爆发了。到这时，首席执行官对财务总监曾抱有的感激和一直以来的容忍都已经耗尽，自己的理智已经不能够再允许这位财务总监一错再错了。最后他不得不鼓起勇气面对现实，将她解雇了。与以往一样痛苦，他不得不重新寻找新的人选来确保公司不会失去已经得到的东西。

不是能力不够，而是不匹配

当看到一个错配的人选没有做好自己的工作时，不要急于下结论。在发现有问题的时候，我们应该深入调查。也许这个人有一些心理障碍，也许他有一些能力上的缺失，也许是和关键的同事有些矛盾。问题常常在于上司没有指出正确的方向。

我们应该利用对人们的了解来帮助他们找到自己的位置——一个让他们的才能可以得到充分发挥、加速个人发展的平台。利用我们的想象力帮助他们找到合适的位置。

有一个领导者成功地管理了一个小部门，作为奖励和进一步的检验，公司把他派往巴黎，负责整个欧洲地区的工作。在两年的时间里他屡次受挫，一再失败。他决心处理好由前任留下的许多棘手的问题，但进展并不顺利。同时，由于他和他的家人都不会说法语，遇到了很多麻烦，他与老板的关系也因此受到很大的影响。他无法完成作为欧洲业务负责人应该完成的职责，他的老板不敢再冒险让他担任这个职位。但是在市场营销领域，他却是天生的好手，在能力和经验上都非常出色。老板在和公司其他人讨论过之后得出一个方案，让他在一个关键部门任主管市场营销的副总裁。这个新职位可以让他的才能得到充分利用，他一直做到了职业生涯圆满结束，在 65 岁时顺利退休。

在美国中西部的一个能源公司，战略规划总是无法成功，因为负责这项工作的人制订出的计划不是太抽象，就是太不现实，同时他还不愿意处理领导层中的一些常规事务。这让他的老板非常为难，因为当初聘请他时，看上的就是他的业务知识、处理复杂财务数据的能力，还有沟通的技巧。最后高层经过讨论决定让他做投资者关系维护方面的工作。因为他的才能好像天生就是为做投资者关系维护工作设计的，例如，对复杂的经济环境和量化数据进行简化处理的能力，与他人进行讨论并说服他人的能力等。这样的职业转型并不常见，却很有激励性，无论对公司还是对他本人，这都是一个理想的选择。

但有时候，特别是在一些小公司里，为某人的才能特意去寻找合适的职位并不是一种好办法。这时候我们就要让他清楚，他在别处也许有更好的未来。我们必须要知道在什么时候通过什么方式来"放弃"一个人才。我用了"放弃"来代替"解雇"，是要表现一种态度上的区别。拥有这种能力的领导者明白任何人都会有固有的价值观，同时也会在使用人才的时候犯错误。当不得不让一个人离开时，我们有责任让这个过程变得轻松一些，并且尽量维护这个人的尊严。如果我们的沟通是坦诚的，意图是有建设性的，对方就会更容易接受现实。

构建领导梯队

最成功的领导者总是通过建立起一支比接手公司时更加出色的领导梯队作为自己的成就遗产，使之成为后人参考的标准。

大多数大公司都有一套人才规划机制，但这些机制的细节之间却有很大的区别。它们常常会和当前或未来的业务需要脱节，更多地聚焦于个人特质，而没有很好地发掘出人的管理能力和行为方式。我们应该确保这些选拔人才的标准与业务定位保持一致，并且判断机制应该尽量精确合理，以便能够得到关于一个人的绩效和潜能的真实情况。

通用电气的杰夫·伊梅尔特意识到，要完成业务指标必须要在技术和市场营销方面有更大的作为，因此他努力让所有的潜在领导者都对这些关键点产生足够的关注。在 2000 年之前，通用电气将提升业绩的途径重点放在了提高产量上面，强调严格的运营规则和精通六西格玛等技术。当伊梅尔特将公司的目标有机增长率从 5% 调高到 8% 后，他意识到要实现资本有效利用和可盈利的高增长，公司需要的领导者必须明白如何将技术、市场营销同实际业务与顾客认知之间的差距结合起来。通用电气修正了选拔这些领导者的标准，包括以下几点：

- 能够聚焦外部市场，以市场的标准衡量成功；

- 思路清晰，能够将战略简化为具体的行动、制定决策并沟通工作重点；

- 在用人和出主意方面，具有想象力和勇气，敢于承担风险；

- 能够通过包容与联结来激发团队的激情；

- 在某个领域内开发专长，以精通专业作为推动变革的信心来源。

有时候，某个管理层级或是某个特别的工作对业务的成功起到至关重要、不可替代的作用，这应该引起我们特别的关注。例如，对于一个在新兴市场寻求高增长的公司来说，关键的工作就是在印度、中国、巴西、东欧这些快速发展的国家进行招聘、培训、工作安置和领导者留任。我们如果要任用20名副总裁的话，应该确保至少有5名来自这些国家。

对于一个像家得宝这样的零售商来说，分店经理是非常关键的职位，因为所有上级的想法、意图都要通过分店经理传达下去，最终影响顾客的体验。

简柏特（Genpact）是印度一家为美联银行（Wachovia）、通用电气这些全球范围内的大公司提供信息服务的业务外包公司。简柏特的首席执行官普拉莫德·巴辛（Pramod Bhasin）将大约300名团队经理看作公司的关键职位。他正努力让公司为交付数百万美元的服务合同做好准备，他深知如果不能实现合同承诺，引发的财务违约金赔偿将是难以承受的。要满足这些需求，必须将员工在短短数年中从2.5万人扩展到5万人。美联银行的工作方法是每次派出一个大约有15名知识型员工的团队到客户公司中和他们一起工作。这些员工必须了解客户的需求，并在预算之内按时完成任务。顾客满意度掌握在这些员工手中，同时也掌握在这些员工所汇报的经理手中。巴辛知道这300名在客户地点雇用和指导知识型员工工作的团队经理是企业的核心，因为只有从这里，上级的指示才能传达到具体的员工，体现在具体的客户服务上。虽然这一层和首席执行官中间还有几层的距离（团队经理直接隶属于副总裁），但首席执行官亲自制定了这些既定的标准以确保聘用、培养以及留任的工作能够顺利进行。

标准本身不能保证领导者行为的正确性。我们必须和同事一起制定一些机制来校准和培养下属领导者的行为，我们还应该像在其他工作中做的那样，通过经常视察来对他们进行检验。例如，我们可以选择那些评价不是很好的下属，对他们进行更加深入的了解。善于培养人才的领导者能够察觉领导梯队的问题。他们会不时地走访下属领导者，也许会用两个小时的时间和大约10个人进行谈话，利用这个机会提出一些问题，倾听他们的想法，观察他们的综合能力。伊梅尔特每年至少会去通用电气位于纽约的克罗顿维尔学院12～15次，在这里他会参与到小组讨论中，并在此后花时间和人们在更轻松的氛围中交谈。在这些交流中，他能够感觉到在座的领导者各自具有的才干、特长、心态和标准。

仅仅对培训与发展进行投入，不能保证建立一支能够按照我们设定的方向领导企业的领导梯队。尽管像联合利华、施乐、IBM以及美国所有的汽车企业为此做了大量的投入，但最近还是出现了领导者短缺现象，而通用电气、宝洁、高露洁和一些不那么著名的公司如宣威—威廉姆斯则在培养领导者方面做得很出色。他们的领导者发展流程与企业的发展目标紧密相连，并且是严格执行的常规行为。它们的高级领导者把领导力开发看作企业成功的基础，亲自参与其中。

在高露洁，领导者在上任的第一年会进行评估，以便工作安排从一开始就为他量身设计。每个子公司确定自己的高潜力人才，将这一清单提交给当地的区域总经理。区域总经理会增加或删除一些名字，然后提交给业务部门总经理。这些清单会一直上交到公司高层：高露洁人力资源委员会，由高露洁的 CEO、总裁、首席运营官、HR 高级副总裁，以及公司高管候选人组成。每年，高露洁人力资源委员会会举行会议，把这些清单修正、汇总，然后再分派到各个层级。那些达到标准的人会被分为三类：第一类是本地性人才，针对相对初级的员工，他们可能成为一位总经理的直接下属；第二类是区域性人才，是比较高级的领导者，他们可能会被任命到一些重要职位，例如，在亚洲的某个职位。最高的一类是全球性人才，他们将成为最重要岗位的储备人才。

其理念就是保证高潜力人才的工作能够扩展他们的能力、增长他们的知识，让他们接触各种市场、文化、消费者和企业状况，使他们与高露洁不断变化的领导力需求保持一致。为了保证实现这一目标，高露洁人力资源委员会亲自为总经理和较高层的管理者设计职业路径。同时，他们通过一些项目与年轻的领导者保持联系，例如"面对面项目"。来自全世界的高潜力人才会被召集到高露洁纽约总部，参加一个长达一周的会议。在这期间，他们能够见到公司所有的高管，就连董事会都会参与到这个领导者发展项目中。纵观高露洁公司的历史我们会发现，不仅仅是一两个领导者参加过这个项目，而是200名公司高管都经历过这种频繁的会见和讨论。

高露洁是为数不多的善于利用社会系统培养来自全球各地的未来领导者的公司之一。全球视角使得他们能够在竞争中战胜行业中的领先者，战胜那些在规模和业务上比他们大数倍的公司。

识人、选人、育人的能力不会因为我们聘用或解雇许多人就能自动得到提高。我们还要明确某个人擅长什么、他的潜力在哪里、他需要怎样进行改进。针对同一个人，我们的判断比其他领导者的判断更有见地吗？当我们重复地实践这些判断过程，并且反省自己失败的案例后，就能够很好地掌握这项能力。

要完成这一系列变化的社会系统以及对人才进行判断的任务，我们必须在自己的身边建立一个最高层的团队。我们肯定知道这个道理：领导者有多优秀取决于他身边的团队。特别是在现在这样的市场环境中，如果没有一个高效的领导团队，企业是不可能成功的。在商界中，高职位的成功人士通常也是自负的，他们在一起工作常常会产生各种各样的问题。不要以为这些问题无法解决，第6章将会告诉你解决之道。

如何发现未来的领导者

- 他们总是能够达成雄心勃勃的目标。
- 他们总是能够不断地表现出自己的成长潜力和适应能力，

比其他优秀的同事拥有更好、更快的学习能力。

- 他们总是善于把握机会，例如，获得更有挑战性、更重要的职位，从而能够提高素质，拓展能力和判断力。

- 他们能够对业务进行全局性的考虑，对业务的发展具有跨越式的想象力。

- 他们拥有把业务做强做大的内驱力。

- 他们具有敏锐的观察力，通过关注他人的决策、行为和实际措施对人们进行判断，而不是仅凭第一印象或直觉——他们可以准确地探测到一个人的"DNA"（基因）。

- 他们能够简洁明了地表达自己的想法，思路清晰，与对方见解不同时，勇于提出自己的不同意见。

- 他们善于提出深刻的问题来拓展人们的思维，激发人们的想象力。

- 他们能富有洞察力地对下属做出判断，勇于坦诚地给他们以反馈从而帮助他们发展——如果下属失败，他们会认真地查究原因和结果。

- 他们很清楚直接下属必须要达到的标准，然后根据这些标准在合适的职位上安排合适的人选——如果不匹配，他们会及时做出适当的调整。

- 他们善于发掘人才，并发现每个人的"天赋"。

第6章

核心技能之五：打造核心团队

我们花费了大量时间努力观察、招聘、培养和任用了一群聪明且才能卓著的领导者作为下属成员，这些都非常重要。但是摆在我们面前更大的挑战是，如何让这些精力充沛、大权在握、高度自负的人团结起来，打造成一支真正的领导团队，通过集体合作推动企业向前发展。

每个团队成员自然都会专注于他们自己的职能专长和个人抱负。但是这些差异通常导致他们向不同的方向努力，特别是在不同的业务部门之间存在矛盾的时候。作为领导者，我们必须让下属把他们的自我、咄咄逼人和个人日程放在一边，融入集体中来。我们无法调解每一次纷争，保证每一次权衡都得体，或者每天的信息交流都很合宜，但是通过运用打造团队的核心技能，我们的下属会自然而然地做到这些事情，从而创造更好的业绩。

这一能力的核心是让团队理解、聚焦于和致力于总体目标。

我们必须帮助他们创造一个我们的业务在外部市场中的整体画面。这样，他们就会知道他们各自的领域应如何相互配合，他们也将有动力和必要的信息来保持协同一致。我们还必须塑造人们的行为，我们经常看到，雄心勃勃的人才思考问题的范围很狭窄，总是集中在某个点上，很少关注其他部门的同事在做什么，甚至还会对他们有误解和怀疑，资源和信息都互不公开，相互之间只有零星的正式交流。我们需要忍受或挑战狭隘的个人利益、膨胀的自我和控制性很强的个性。

打造团队最重要的工作在于塑造团队背景，这可能需要我们改变我们的领导方式。我们不应该仅仅和下属一对一地工作，私下给他们设定预算、建立目标，然后一对一地对他们进行训练，就好像我们把自己的注意力从一个部门转移到另一个部门。我们必须帮助团队创建业务的整体图景，纠正团队中任何分裂性的行为。所以，我们需要情感上的力量去面对和指导团队中强硬的个体。

很多领导者认为，打造团队不值得投入那么多，那他们就失去了让自己成为杰出的领导者、为企业创造巨大发展的大好机会。人们越能够看到整体的业务图景、其各个部分的相互联系以及业务所处的广阔背景，他们的工作就越出色。当他们都看到同样的事实，讨论了自己的观点和想法，开始理解他们各自职能和能力的相互联系时，他们就可以提高标准，设定更高的目标并且更快地将其实现。他们能够更快、更准确地觉察外部的变化，并且可以更好地和自己的下属沟通业务的定位、目标和重点。他们相互帮助、共同成长。一个高效的团队不但可以产生巨大的竞争优势，还可以使团队成员有更好的满意度，从而留住最优秀的人才。

马克·菲尔兹（Mark Fields）现任美国福特汽车公司总裁，曾运用他打造团队的能力重振日本马自达汽车公司。为与丰田、本田、日产以及其他汽车厂商竞争，由福特公司控股 33% 的马自达公司在 20 世纪 90 年代初期大幅增加投资以进行扩张。但这一举措最终却失败了，菲尔兹接管公司时拥有 150 亿美元的收入和 70 亿美元的负债。同时，由于赶超丰田、本田和日产目标的失败，马自达公司陷入困境，似乎看不到希望。产品没有差异性，品牌也没有重点。简单地说，这家公司不仅在财务上走到了悬崖边上，还在品牌定位和企业自信心上陷入危机。

菲尔兹接手的其实是一个徒有其名的团队。他回忆道："我只能称其为一些在业务问题和计划实施上互唱反调的个体的组合。"还有很重要的一点是，他这次是处在一个完全不同的文化情境中，在阿根廷的工作经验根本不能起到作用。思维方式、沟通风格，以及行为方式都有很大的差异。幸好，在正式接手公司之前，菲尔兹有 9 个月的时间出任公司的销售和市场营销总监来熟悉公司业务。他接手后面临的最大挑战是如何对公司进行重新定位以渡过难关。

日本文化一向崇尚集体观念，菲尔兹从开始就努力让管理团队了解业务中的问题和现实，以便共同制定业务规划，让马自达生存下来，并能够进一步发展。

"我从一开始就很清楚，"他说，"我需要建立一种机制让管理团队能从我的角度观察业务问题。在日本，管理者都是从职能部门一步步提拔上来的，就算是做到了职能部门的负责人，也从来不能从首席执行官的角度看问题。然而，能否从这个角度看问题却是决定事业能否成功的关键。"

菲尔兹很早就发现，几乎所有行业的日本公司都在经营效率上相互竞争。生产线常常是相似的，那些具有更高质量和成本效率的公司往往能够取得竞争优势。而菲尔兹决定将马自达定位为一家与众不同的汽车公司。当然，公司依然会坚持优良的质量和成本效率，但生产出来的产品将会和丰田、本田有所不同——在设计上会有比较大的差异，在性能和操控上也会让人耳目一新。

"我希望回到我们的根本，像以前做得那样出色，生产非常有创意的汽车，与其他产品有很大的不同。也就是说，我们要找到这样一个不同的切入点来参与市场竞争。"

这个决策制定了一个流程，将所有经理们集中起来，统一思想，理解马自达的新定位。

"我要做的主要是将他们聚到一起，将事实摆到他们面前，告诉他们如果做出这些变化，我们可以得到什么好处，以及如果不做会有什么样的后果，"菲尔兹说，"这一点很重要，因为在这之前，真实情况从来就不能传达到组织的所有人那里。生产部门负责人完成了他们计划数量的产品，就认为公司一定会盈利；采购部门经理完成了他们的年度目标，就会理所当然地认为公司运转良好。将他们放在一起共同审视，可以让各个部门看到他们在集团整体中发挥的作用。但是公司以前从没有这样做过。"

在开始阶段，菲尔兹经历了一段很艰难的过程。为避免经理们把自己看作一个发号施令的"空降首席执行官"，他付出了很多努力。在开始的几次会议中，他请来了两位日本本地的专家，一位是商学院的教授，另一位是金融分析师，由他们来向大家分析马自达面临的状况以及改进的方法。

菲尔兹在任销售和市场总监时就见识了日本人的典型行为，即不愿意在会议中讲话。"当时我很无奈，因为在开始的一些高层会议中，我坐在那儿竟没有人对我的话做出任何评论。现在我知道了，我个人得不到的答案，作为一个组织却可以得到。因此，我需要建立一种机制让人们可以畅所欲言，要做到这一点在日本这样的环境下更有挑战性。"

开始时，菲尔兹找来下属做一对一的会谈，他会认真地聆听他们的意见，然后鼓励他们在下一次会议中当着大家的面把这些意见说出来。"我告诉他们，我们的意见有什么缺点并不重要，重要的是要把这些意见摆到桌面上和我们的同事们分享，然后我们再一起讨论，为公司找出一个最佳的解决方案。"

为了克服下属们不愿意在会议中说话的问题，在开会时，他把他们分成三四个人的小组。

"在我们确定将要讨论的议题后，这些小组要花几个小时的时间进行讨论，然后得出解决方案。之后我们重新回到大会，让各小组提出他们的想法和建议。逐渐地，我们开始能够在这些会议中得到有价值的观点，活跃的辩论也出现了。对我来说，这标志着公司正在进步。"

　　这个过程用了 6 个月的时间，在这期间，除了公司常规会议以外，还举行了多次别的会议。在这个过程中，管理团队的表现按照菲尔兹的话说就是"求同存异"。管理团队能够很清楚地了解公司面临的真实状况，更重要的是，他们清楚回到自己的团队中要做些什么，以便向自己的团队说明新的定位是什么。

　　菲尔兹说过，有两个痛苦的决策真正使整个领导团队紧密结合在了一起。第一个决策是关闭公司在广岛的主要工厂。马自达总部位于广岛，是该市最大的雇主。这不仅仅是经济问题，还是个社会问题。在日本社会中，关闭工厂会造成很大的影响。尽管这样，团队在研究了马自达面临的现状后，还是认为应该关闭这个工厂。第二个决策是裁员 20%，因为公司冗员严重。

　　"这两个决策对团队来说非常艰难，"菲尔兹说，"但这是一个相互理解的过程，会有很多让步和调整。最后的解决方案并不是民主的，但当决策制定好之后，所有人都集结在这一决策之下。走出会议室时，我们是一个目标一致的整体，而不是在背后议论这个决策的分散的个人。"

　　在领导团队确认新的定位和业务重点后，他们举行了一系列密集的会议来将这些决策及其背后的道理解释给全公司 12 000 名员工。菲尔兹知道要使组织成员达成一致还需要一段时间，但他明白一旦组织交流达到了这样的一致，就会又快又好地执行政策。

　　他们最终达成的结果是一个 5 年计划，被称为"千禧年计划"，详细列出了公司每个季度的目标，这样每个职能部门负责人都会直接向菲尔兹报告，而向他们汇报的下属也了解公司面对的现实，明确公司制定的目标。为了加强计划执行的紧迫感，菲尔兹开始每 6 个月就宣布一次公司的财务和市场情况，而不是像以前所有的公司那样一年才反馈一次。

当所有人都理解了公司的业务定位，正式开始实施计划后，菲尔兹制定出一个运营沟通机制来保证所有人都不会偏离这个中心。所有的直接下属都必须在年初会面，分享彼此的业务目标，别的公司很少会这样做。这是一个无趣又耗时的过程，但它对于团队的塑造至关重要，因为它让各部门之间达到了透明化。

"汽车业可不是一个循序渐进的香肠生产机器，"菲尔兹说，"所有的职能部门一年到头都会相互影响。生产和工程设计的配合程度会直接影响到我们的市场和销售，还会影响到我们从供应商那里的采购，不仅是在削减成本和质量改进方面，生产连续性方面也会受到影响。"

团队的季度会议是要讨论每个季度的业绩状况，而年度目标分享会一般是在这样的季度会议之后召开的。财务总监会发给每个人一份详细的季度业绩报告，而菲尔兹会请团队中的每一个人都做好准备，谈谈自己根据报告结果得出的对整个公司业务的看法，不仅仅是针对自己的部门。正是这个团队内部交流、发现问题、解决问题的机制，塑造出了真正的团队，让每个人都形成一种意识，那就是自己要完成的，不仅仅是自己部门的目标，还应该是整个公司的目标。这为整个社会系统带来了改变。

回顾过去，菲尔兹估计自己至少有 1/3 的时间都用在团队建设上，但在这期间只换掉了一个人。"我把团队建设看作重塑他们心态的过程，"他说，"这是影响成败的关键所在。"

打造团队是一个艰难的过程，但是其回报是巨大的。菲尔兹建立的这个团队中的大部分人都比他年龄大，但他赢得了他们的尊重，因为他将这个团队带到了更高的层次，使公司存活下来并得以发展。菲尔兹使他们凝聚在共同的目标之下，讨论业务中的问题，直到团队中的每一个成员都完全理解了财务的整体画面，能够引导他们正确决定哪些事情是必须要做的。

就像马克·菲尔兹的经验表明的那样，打造团队涉及以下几个原则。

（1）分享数据、原因、结果，以塑造人们对业务及其背景的共同看法。

（2）勇敢面对会阻碍团队效能的行为。

（3）预见矛盾，发现矛盾，解决矛盾。

（4）选拔合适的人才。

（5）提供及时的反馈和指导。

（6）认清并避免可能造成麻烦的问题。

形成对公司整体业务的共识

当所有人都能达成共识时，领导团队就开始成形了。此时团队的每个成员都理解了业务的基本要素，例如，产品市场、市场细分、顾客群、购买行为、竞争状况、促进或阻碍盈利的因素等。简而言之，领导者知道的事情，整个团队也必须知道。这看起来好像是理所当然的，但在传统的高层领导者关系中，不管是不是有意识的，领导者通常都不会将业务情况告诉给所有的直接下属。然而即使我们和团队分享了信息，也还是需要付出很大的努力，不断地重复，才能让所有成员达成一致。开始的时候，团队成员可能只会听取我们关于他的部门和专业的讲话，挑选他们认为适合自己的部分加以实施。学习曲线是有差别的，有些人要花比他人更长的时间才能跟得上。

关键是要建立内部对话机制，让每一个成员都参与讨论，进而使团队在要面临的挑战、机遇以及可获得的资源等问题上达成共识。要达成共识，这考验的不只是每个团队成员，还有整个团队的认知视野。但是共识一旦达成，就可以引导团队的能量，更重要的是为团队成员之间相互影响的对话提供了一个参照。这是一个为协作而搭建的平台。

一个医药公司的董事长有 16 个直接下属，他们都是精力充沛、积极进取的优秀领导者，但他们每个人都知道自己和团队中的其他成员是相互依存的。"领导者都要了解一点，那就是领导不是一件可以独立完成的事情，"董事长说，"如果我们能够人尽其才并有效地促进他们之间的交流和协作，那么这个团队就能够做其他团队做不到的事。"

这位董事长希望他的 5 个业务部门中的每一个都能够随时启动两个项目。月度会议是各部门的负责人向他正式报告的时间。"这个会议的目的是为了在每个月有互相鼓励的时间，"他说，"平时我们会互相发邮件来交换意见，也会有其他的会议用来讨论业务，但在这个会议中，我们会在一些问题上达成一致，给予对方支持。谈话中会很多次地出现这个问题——'我们怎么看?'我总是试图让他们谈谈自己不放心的问题。我希望这些领导者能告诉我他们的'红色'危险情况，而不是'黄色'或'绿色'这样无关紧要或顺利的情况。我希望从他们那听到的是我们觉得有挑战性、有风险的以及需要得到我们帮助的事情。因此这些谈话的目的不仅仅在于风险的解决，还讨论关于绩效表现和责任感。目的是要让他们把问题摆到桌面上，承认在这方面遇到的困难。因为作为领导者，帮助他们克服困难是我的责任。其实，有许多困难仅仅通过对话就可以得到解决。"

拥有合适的人才和良好的流程是不够的，还要保证正确的行为。集团董事长和他的团队努力让员工明白，行为的具体实施是非常关键的步骤。他说:"作为一个管理团队，我们一起工作的行为有 13 种，我们会始终努力践行这些行为。只有这样才能取得团队工作的突破，我们才能成为一个善于突破的团队。每个季度我们都会对彼此的表现评级，我会通过积极地参与会议来强化这些行为，通过会议，文字性的东西才能变为现实。"

勇敢面对阻碍团队效能的行为

领导者们常常会规避矛盾，希望某个直接下属行为上的问题能够通过某种方式自动得到解决，但往往事与愿违。当我接触乔治时，他已经进入首席执行官任期的第二年了，他公司所在的行业是一个快速变化、高度依赖技术进步的行业。在打造领导团队的时候，他遇到了很多麻烦。由于前任财务总监违反了《萨班斯－奥克斯利法案》[⊖]，他不得不寻找新的人选，另外，他的人力资源总监也才上任不久，但最让他头痛的还是负责销售的副总裁，他来公司刚刚 6 个月。

销售副总裁道格在进公司时有很好的声誉和记录，但这些记录都没有显示他喜欢在高层会议上大发脾气，爱教训自己认为有问题的同事，也没有提到他很缺乏分析能力。负责研发的总监已经警告乔治，他和团队已经厌倦了道格的不友善，总之是不能和他一起工作下去了。由于离计划推出新产品的时间只有 6 个月了，研发部门迫切需要来自销售部门的支持，但却得不到道格的合作。公司已经连续 3 个月没有达到销售目标了，但乔治从道格那里能够得到的唯一解释就是：这是"外部因素"造成的。道格在董事会上的陈述非常圆滑，乔治从头到尾都没有弄清楚未达到销售目标的原因以及后果。他认为如果再这样下去，下次开董事会时自己也不会好过。

乔治曾不止一次下决心促使道格面对自己的问题，但每次他们在乔治的办公室里会面时，他都放弃了，而是采取别的做法。例如，建议他找个教练，注意改善和其他部门的关系，以及多关

⊖ 2002 年，安然、世通财务丑闻的曝光，以及随后安达信的倒闭，导致美国证券交易委员会（SEC）对审计师的独立性提出了更为严苛的规定，随后出台的《萨班斯－奥克斯利法案》（Satbanes-Oxley Act）便是上述规定的结果之一。该法案强调了审计师的独立性要求，并规定核心审计必须与总体咨询业务相分离。这导致四大会计师事务所不得不剥离它们的商务咨询业务。——译者注

注一下目标没有达成的原因。道格总是会当面答应，但过后什么都不会改变。乔治面对的两难困境是，既无法改变他，又不能简单地开除他——这是很多领导者都会遇到的麻烦。但事实是，如果我们想打造一个领导团队，当某个人的行为损害了这个团队时，就必须鼓起勇气直接面对，告诉他这是不能接受的，必须做出改变。

预见矛盾，发现矛盾，解决矛盾

组织结构会将人分到各个部门，这会导致一些内部矛盾。这些矛盾表现为很多形式，有些比其他的更有破坏性。例如，任务矛盾——谁做什么事，过程矛盾——如何做这件事。这些都是最常见的矛盾，也最容易解决。针对资源配置的矛盾不怎么常见，但却更有破坏性，因为资源本身就具有稀缺性。业务重点或者目标的变化，导致一些人分配到了更多的资源，相应地，另一些人得到的就变少了。这些矛盾中的任何一个，如果处理不当都会上升为个人的矛盾，这是所有的矛盾中最有破坏性的。

当两个人发生争端时，常常会从相同的信息中得出不同的结论，然后争辩说自己的观点才是正确的。当然我们可以通过下达命令来处理这样的争论。然而，一个团队存在的价值以及我们领导技能的真正体现，正是在于允许每一个人说出自己的意见，自由地辩论，最终做出正确的决策。这样处理可以让矛盾和争端成为团队建设的工具，因为通过这种方法，人们可以认识到一个集体可以比个人做出更好的决策。

将问题摆上桌面可以从我们设定的日程或团队的初期对话开始，但是人们不愿意在一个可能会遭到挑战甚至嘲讽的环境中说出自己的意见。那些直言的人过早地摆明了自己的立场，然后就不愿或者不能做出退步。

在团队讨论的初期，提出一个恰当的问题以后，有一种方法常常很有效，那就是将团队分成两三个小组，设定一些相关的问题，由这些小组讨论后得出备选方案。在这样的小组中，交流可以变得更加深入。那种害怕被他人挑战的担心消除了，气氛会变得轻松，个人也更容易获得自信心。当这些小组回到大团队时，讨论的性质已经根本性地改变了。人们能够超越自己狭隘的思考范围而形成新的观点。赞成和反对的人可以更坦诚地讨论，团队也可以见识到这个行动产生的连锁反应。这往往能够促进人们寻求解决方案的意愿。如果没有形成一个一致、清晰的方案，领导者可以随时再次召开这样的会议来继续进行尝试。

迪奈士·包利华（Dinesh Paliwal）接管了 ABB 公司一个年收入 120 亿美元的自动化技术部门，这个部门已经好几年没有盈利了。再这样下去迟早会破产，因为这个部门工作节奏缓慢、议而不决。造成这种情况的原因之一就是这个部门中的礼节约束，使人们不愿意表达他们真实的想法。对于会议形成的决策，他们只是表面上应承，对于那些不认同的决策，他们总是想方设法在实施中拖沓延迟。包利华认为，要改变这种现状，需要大家全身心地投入，加快行动，重视承诺。这需要将相关信息和意见摆到桌面上，让整个团队决定前进方向，是实现目标的关键。但要做到这一点，包利华必须让团队成员之间坦诚相见，这样问题才能够得到正面解决。

在他任职初期的一次与团队高级领导举行的会议中，包利华感觉到某位高管对某些项目的进展方向很不满，虽然他说的时候有所保留。包利华便鼓起勇气请这位高管解释为什么他会不高兴。在接下来大约 60 秒的时间里，出现了一个很尴尬的场面——这位愤怒的高管和包利华都不发一言。最后，还是包利华友好地请他说话，他才终于说出了自己的想法。说完后，他松了一口气，因为没有人为他的立场而生气，也没有人嘲笑他的想法。不管怎样，如果方向有问题的话，包利华做好了重新设定方向的准备。这位高管的陈述引发了一场深入的讨论，大家提出了新的假设，补充了一些在发展过程中可能会遇到的问题。另外，这位高管也从讨论中了解到了比他之前听说的更完整的解释，即为什么这项工程对业务的发展如此重要。通过不断地开展这样的对话，包利华向团队传递出这样一个观点，即表达不同意见和分享信息完全是安全的。随着业务决策变得更加果断，这个部门的盈利能力逐渐得到了改善。

选拔合适的人才

大家都知道建立一个优秀的团队意味着要挑选合适的人才。从根本上讲，这些人选必须要有显而易见的特质，例如，专业能力、果断决策能力、完成既定目标的能力、对团队其他成员的尊重，以及领导下属的技巧。但也许最重要的特质是对新观点的接受能力，以及和他人合作的意愿，他要能够收起自己的傲慢，为了整个组织的利益调整自己的计划。

也许我们拥有某个领域最优秀的专家，但如果他无法克服自负，我们就不得不做出选择——什么对我们是最重要的：是这个人的专业能力，还是团队的健康发展。

寻找、雇用以及留住优秀的人才需要花费大量的时间和精力，就像高德威（继拉里·博西迪之后成为霍尼韦尔国际公司的首席执行官）发现的一样。刚上任时，他得知财务总监正计划离开。为了建立一个最理想的团队，他对替换财务总监的研究持续了将近一年，很多下属和公司董事都对此表达了自己的担忧。但他最终发现了大卫·安德森（David Anderson）是担任财务总监的最佳人选。他既有财务技术背景，又具有严谨的学术态度，这些都会使财务总监在霍尼韦尔的领导团队中发挥重要作用。

团队领导者面临的一个最大的问题是如何保持这个队伍的延续性。当一个合适的人才进入我们的团队之后，我们如何才能让他沿着我们设定的路径，追随自己的理想，而不被其他公司挖走呢？拥有肯德基、塔可钟（Taco Bell）以及必胜客的百胜餐饮集团（Yum!Brands）的首席执行官大卫·诺瓦克（David Novak）说，他们公司曾做过一项大规模的调查，研究人们离职的真正原因，结果发现薪酬并不是主要的动机。"对于大多数职位上的大多数人来说，跳槽都是一个艰难的选择，金钱并不是他们离开的主因，"诺瓦克说，"我们发现他们的离开一般是出于两个原因：不喜欢上司，或是感觉没有得到认可。"

他认为要让经理们成为"教练"而不是"老板"，多提问题而不是颐指气使，这可以对解决上述的第一个离职原因有帮助。另外要认可人们的贡献，这可以解决第二个离职原因。

尽管如此，员工的离职还是不可避免的，当离职发生后，就需要吸收新的成员进入这个团队。不管是内部提升的，还是从外部聘请的，新的团队成员一开始可能都会面临与原有成员之间相对封闭的问题，我们应该有足够的技巧将他带入团队的讨论当中。将团队分解成小组来分析解决问题也能够帮助新进成员加强自信心和对其他成员的信任。

提供及时的反馈和指导

要在思想和能力上做好准备，帮助每个团队成员解决问题。也许有的成员在和其他人争辩某一个问题时会表现得迟钝一些，有的成员会因过于羞怯而不愿意参加辩论，而有的成员则会习惯于保留对达成重要决策非常关键的信息。所有这些构成团队高效工作的障碍必须向他们明确地指出来，然后帮助他们改掉这些缺点。当反馈以书面形式经常性地被传述时往往是最有效的。但我们必须认识到人在正常情况下一次只能改掉一两个行为习惯。

"大多数人都不喜欢反馈，但他们必须从一个正确的角度看待这个问题，"大卫·诺瓦克说，"反馈说明我们已经参与到某个人的发展当中。优秀的员工希望知道怎样才能做得更好，能让他们做得更好的唯一方法是给予指导和反馈。"

有些团队成员希望得到比他人更多的指导和反馈。要发现在团队中谁是能量激发者，谁是能量消耗者，并不需要很长的时间。能量消耗者偏好无用哲学，常常会将注意力引向不重要的方面，然后在这个方面深挖下去。由于这些问题不在重点上，他们会引来很多反对意见，所以他们会不断地制造问题，从来不提供可行的解决方案。团队成功的关键是，我们要在这时果断地采取行动制止这样的行为，然后在私下的会见中给他反馈意见。对这些行为的直接面对对团队来说非常有意义，因为这等于是向每个成员传递了这样的信息——哪些事情能做、哪些事情不能被容忍，另外还能够表现出我们的决心和正直。

杰克·韦尔奇有一个非常有名的习惯，那就是在整个团队面前给予个人大量具有建设性的反馈，因此他建立了一支卓越的管理者队伍。

领导者需要内在的安全感和足够的勇气，才能够将那些高傲、个人表现出色但又不合群的团队成员管理好，从而使团队从整体上受益。其中的窍门是如何在不过分打击这个人的自尊的情况下，向其他团队成员展示我们有意愿，并且能够行使必要的领导权来建设这个团队。我所知道的在这方面做得很好的领导者都赢得了大家的尊重，包括那些得到指导的人也非常尊重他们。

具备这种能力的领导者讲话都非常直接并且切中要害。当他对自己的下属做出反馈时，下属在理解时不会有什么问题。团队建设的一个重要部分就是不断地提醒团队成员，他们认同的核心价值观和应该遵守的行为标准，并在必要的时候强化这些价值观和行为标准。

百胜餐饮集团的首席执行官大卫·诺瓦克经常会挑选那些能够通过指导来提高自我能力的团队下属，以及这些下属的下属。"有时，人们常常缺乏鼓动和激发团队的人际交往技巧，"他说，"他们看不到自己的真实情况。我们会请一名专业的教练，花几天的时间像面镜子一样陪在他身边，告诉他自己看到的东西，以及这些东西会如何影响其他人。"

除了这些常规的正式会议之外，诺瓦克还会通过一些"自发的指导"亲自教授和指导百胜餐饮集团的各层经理，并在现场提供建议。"我们不能只等到出现重大变动时才做这些指导，"他提醒道，"人应该每天都进步，因此，我们应该每天都对他们进行持续的指导"。

如果有一个出色的、雄心勃勃的下属拒绝对自己的批评，并威胁要离开该怎么办？许多首席执行官之所以不愿给他们最重要的下属直接和真实的反馈，就是因为害怕失去他们。但是，他们忽略了这样一个现实，那就是这些人总会被猎头公司盯上，并且会基于许多考虑做出跳槽或者留任的决策，与首席执行官的个人关系好坏并不会改变什么。

除了通过反馈和指导帮助每个团队成员提高自身能力，从而使团队更有效率之外，领导者们还应该将个人的团队行为改善同物质奖励以及精神认可相挂钩。大多数的高层领导者都会根据员工个人的业绩来进行物质奖励，而对于其在团队中的表现则关注的不多。

认清并避免可能的麻烦

要打造一个领导团队，需要注意以下几个问题。

（1）后来居上（Last in，First out）。假设我们和我们的团队正在讨论提升比尔·史密斯为软件研发副总裁的事情，眼看大家即将达成一致，取得突破。这时，一向不愿在会议中谈论有争议的人事问题的财务总监，径直走入我们的办公室，告诉我们比尔其实并不了解软件研发中涉及的财务问题。他在这样一个关键的时刻使我们相信提拔比尔是一个错误的选择。与此同时，技术副总裁已经透露给比尔："放心吧，这份工作已经是你的了。"第二天，当我们告诉这位副总裁我们的决定时，他心里不禁在想到底发生了什么事情，是不是我们在昨天晚上见了谁。

（2）沦为团队的囚徒。乔喜欢被他人喜爱的感觉，当他和团队开会的时候，他们在会前就准备好了要讨论的事项，然后会从本部门的角度提出一些观点。基于授权的理念，乔会让这些讨论继续进行，最终团队达成一个可以预见到的一致方案，但是，乔很失望，认为这不是自己想要的方案，心里想，"我知道这也可以行得通，但我们可以做得比这个好得多"。

（3）依赖参谋人员。萨利有一个由 10 位下属组成的团队，但其中财务负责人苏珊和人力资源负责人弗雷德是她的死党。萨利有 60% 的时间都在出差途中，时间总是不够用，因此，她在心理上非常依赖苏珊和弗雷德。她和他们相识已久，他们对她也相当忠诚。她与团队其他成员的沟通和交流大多也是通过弗雷德和苏珊完成的。这样的工作方式长期持续下去，使别的团队成员实际上已经成为"第二梯队"。

（4）害怕进行反馈。团队未能有效地运转最重要的原因是领导者自己的心理问题。一些领导者不愿意甚至是害怕给自己的下属必需的反馈。当需要采取一些冒险商业举措，例如，用一些大胆冒进的行动来争取市场份额时，就好像强劲的对手在后面推动一样，领导者会果断采取行动。但在需要对那些妨碍团队效能的下属提出批评时，领导者会因为担心下属的反应而变得优柔寡断。这些担心来自他们自己内心的不安全感。许多领导者在内心非常需要下属的忠诚，他们很愿意采取行动鼓励这样的忠诚感，包括保留批评。"如果这个人不接受我的批评，离开公司该怎么办？"他们会这样想，"如果我批评的这个人非常聪明且能言善辩，与我争论不休，拒绝我的劝告该怎么办？"如果他们选择要做这些反馈时，常常会让人力资源经理代劳传达批评。也许这在某种程度上会起一点作用——此人会明白这些信息，但在更深的层次上则不会起什么作用，无法建立下属对领导者的尊重，而这对团队的正常运转是至关重要的。

同样的心理障碍不仅仅出现在领导者及其下属的一对一关系中，还出现在团队成员之间进行的包括争执在内的交流上。我说过，团队合作一个最大的优势就是团队能够看到分歧，并将这些分歧摆到桌面上加以解决，例如，有的人得到更好的任命，有的人得到更大的预算，而其他人没有得到。这些都会引起争端，而这些争端是不会自动解决的。如果他们不把这些争端公开然后加以解决的话，问题会继续恶化，直到发展为严重的个人矛盾。出于很多原因，领导者们不愿意公开处理这些矛盾。也许他们是不想让某人难堪，或是不想当众出现非赢即输的场面。还有一种最坏的情况，那就是领导自己缺乏足够的智慧和耐心，来控制才华横溢的下属之间当众争辩的局面。还有一些领导者是因为不喜欢强制使用权力。不管原因是什么，结果都是一样的：既失去了机会，又失去了团队成员之间的尊重。

（5）拖延最终决定……其实并非如此。两个月前，我和我们的团队要决定从三个不同部门中选出一个人来负责开发新的数码产品。结果大家都同意，然后会议就解散了。现在这个问题又冒出来了，软件研发部门没有派人，因为他们部门自己的人员都不够用。在这样的情况下，每个人做出的承诺都无法兑现，因为大家的拖沓延迟是被允许的，所谓的"最终决定"也会一次又一次地出现。

一个团队建设大师

西班牙国民银行的副总裁罗伯特·埃伦西亚（Roberto Herencia）曾奉命负责银行在北美的业务，他拥有团队建设所必需的能力和个人品质，从而使西班牙国民银行北美分行能够同一些行业内的"巨无霸"同台竞争，例如，花旗银行、第一银行（Bank One）和美国银行（Bank of America）。他的案例有助于了解建设领导团队所必需的个人素质，即坚忍不拔的意志、理智地运用权力、较强的说服力，以及能够始终如一的自律。

当埃伦西亚成为西班牙国民银行北美业务的领导者时，他的任务是对小银行进行并购，从而使它们主要在新泽西、芝加哥、加利福尼亚这些地区的西班牙裔市场更好地发展。埃伦西亚认为，唯一能使银行从与各大巨头的竞争中脱颖而出的关键，是要有一些好的点子，既可以快速地实施，又可以帮助公司提高客户服务水平。要达到有盈利的增长，需要下属的通力配合，他们必须在高效运作的同时快速地兼并整合。建立一个团队要求所有的直接下属深刻地了解共同的目标和重点，并在工作中相互依靠。这些要点在团队每月的总结会上都会被反复强调。每个人都清楚，只有当团队中的每个人一起努力时，所有的指标才能最终完成。

银行的借贷和信用业务有与生俱来的矛盾。借贷业务促使银行对外放贷，以求产生收入和利润的增长，而信用业务部门则要保证业务的信用度，从而控制风险。埃伦西亚需要建立一个团队，在银行扩张的过程中协调这个矛盾，将重点放在业务的总体表现上。简而言之，促进业务的发展意味着要建设一个稳固的高层团队。

团队建设从精心挑选团队成员开始。当然，他们必须非常有才华，但同样重要的是，他们和其他成员的合作能力如何。埃伦西亚将团队协作能力定为一个既定标准。他非常了解曾共事过的人的才能、技巧，但他总是能保持眼界的开放，随时准备发现新的人才。例如，当秘书让他观看她前一天晚上听过的沟通课程的录像时，录像中讲师的观点给他留下了深刻的印象。后来他会见了这位讲师，发现她不仅具有帮助他人改进沟通技巧的能力，还在协作上很有天赋。会见结束后，埃伦西亚就请她出任自己新设的一个职位：沟通协调员。

埃伦西亚向下属讲解了他期望他们能够遵守的行为标准，并在团队会议中示范这些行为。在这些会议中，团队会通过处理一些实际的业务问题来"实践"团队协作，例如如何改善人力资源管理，或如何达到财务和服务指标。他向大家传达了自己认为对团队来说至关重要的东西，例如，要做一个认真的听众；处事公平，尊重他人，不断地提高标准，诚恳待人；愿意为了团队的利益收起个人的自负。他还强调了诚恳和克服自负的重要性，具体表现在：当他人有不同意见的时候不会感觉到被冒犯，对坏消息不会反应过度，特别是不嫉妒、排挤那些获得成功的人。

当一些人的行为越界时，不管是在会上还是在会下，埃伦西亚都会毫不犹豫地直接指出来，并做到环境所允许的最大限度的透明化。有一个例子是，当时他发现团队中有一个领导者公开挑战银行的战略及其执行，从而在管理层中引发争论和疑惑。埃伦西亚很清楚谣言和误传将会摧毁团队的坦诚和协作，因此他迅速采取了行动，解决了问题。刚刚结束一次商务旅行后，他就在周末的晚上紧急约见了那个人。

"我们直接切入正题，"埃伦西亚回忆道，"我告诉他我听到的事情，问他是不是这样。他说'是的'，然后我告诉他，我认为这对团队，对我们一直以来构建的精神是一个很严重的冒犯，因为它损害了各种沟通的渠道。"

埃伦西亚耐心听取了对方的意见，然后冷静地重复了银行的战略及其背后的道理，并再次正式确认了这就是以后的发展方向。他对那位领导者说他想知道他是要向这个方向前进还是倒退。

他从来不害怕高管们对自己直接的反驳，不认为允许这样的行为会损害公司的文化和团队精神。相反，他将其视为训练整个团队的一个重要手段，例如，让团队成员之间直接讨论某个议题，然后让团队探讨怎样才能改进沟通，化解争端。他们没有必要什么问题都要找总裁来解决。

埃伦西亚还利用自我评估的方法来建设团队，一年中开三四次公司之外的会议，定期让下属对自己在团队中的表现做一个评价。为什么有效的协作能很好地解决问题？怎样才能够做得更好？在一次团队的自我分析中，大家总结出团队合作最佳的一个事例是，公司在南佛罗里达顺利地并购了一个比自己大得多的组织。

除了庆祝胜利之外，团队还发现有许多需要改善的地方。其中有一个就是需要在银行底层做更多的辅导工作。换句话说，在改进团队领导力方面还存在着很大的机会。另一点是要分享他们在从南佛罗里达到南加利福尼亚的5个地区中最好的业务操作经验。但最具有挑战性的问题是，他们必须认识到自己要作为一个团队在应对冲突上做得更好，那位高管挑战银行战略的事情就反映了这一点。

由于认识到团队成员之间人际关系的重要性，埃伦西亚采取了一些措施对此进行改进。其中一个方法就是在每月的团队聚会中提一些容易引发人们思考的问题，从而让人们在思想上更多地参与其中，同时讨论方式也更个人化。通常是在一个晚宴上，埃伦西亚会提出一个问题来引发大家的讨论，内容通常和业务没有什么关系，例如"我们是如何定义卓越的？我们又是通过什么方式来达到这一点的？"或者"我们的梦想是什么？"他要求每一个直接下属将这个问题传达下去，所以没有几个星期，所有的员工都在讨论这个问题，从而帮助各个层级进行团队建设。

增强团队活力是对埃伦西亚与团队成员一对一关系的一个补充，而不是代替。当团队成员能够在一起好好工作时，埃伦西亚还是会花时间同每个直接下属交流，为他们提供指导和咨询，有些时候是关于业务，有些时候是关于行为方式，例如"我觉得我们应该在会议中更投入一些"。他力图让对方感觉自己是受到特别重视的，同时也意识到紧闭房门的讨论往往会招来怀疑，会让人觉得厚此薄彼。他总是对团队整体受到的影响很在意，让尽可能多的问题得到公开，例如他会鼓励员工提供好的建议，而不是只由总裁提出。

埃伦西亚是第一个承认自己的人才选拔不是 100% 正确的。有很多次他不得不处理那些行为不端的团队成员，也逐渐学会了迅速地解决问题。有一次，他聘请了一位有出色纪录、信誉优良的管理人才，银行确实非常需要这个人的专业能力，但埃伦西亚注意到他非常自负，经常吹嘘自己的专业能力，并且明显不能将自己的专业与组织整体发展结合起来。在经过对他很长时间的指导和考验之后，埃伦西亚最终还是让这个人离开了。

很少有领导者能像埃伦西亚这样在团队建设上花费如此多的时间，也许他们没有认识到这样做的价值。埃伦西亚估计自己在初期将20%～25%的时间都放在了团队建设上。一段时间过去了，团队逐渐变得成熟起来，他发现自己在这上面花费的时间更多了，大约有50%。"这占用了我很大一部分时间，"埃伦西亚说，"因为这样做确实是有价值的，我也需要继续做下去。"

我们目前为止涉及的问题——做出准确的市场定位，预见并引领变革，管理团队合作，培养领导人才力，以及打造领导团队——都需要转化为最终的业绩。在执行中，第一步也是最关键的一步就是设定正确的目标，这是我们盈利的开始。许多领导者都有很好的想法，思维很活跃，但他们却在设定目标时失误了。这一点非常重要。目标是和人们的努力相一致的。如何设定正确的目标是一项特殊的能力，这是第7章要讨论的主题。

回答以下9个问题：

（1）许多人认可建立高效团队的好处，但做起来却更愿意选择一对一的交流。坦白地说，我们愿意投入自己的精力和时间来打造一个高效团队吗？

（2）比起一对一的沟通方式，我们是否会因在团队中与下属进行交流而感到不适应呢？我们能否克服这种不适应感？

（3）当一贯表现良好、个性强硬的下属做了一件对团队不利的事情时，我们有信心和能力直接面对吗？

（4）我们曾跟下属沟通过自己希望他们达到的行为标准，并促使他们努力达到目标吗？我们在这一点上经常对他们反复强调吗？我们曾将这与物质奖励联系在一起吗？

（5）除了能力和业绩，我们会将其他因素纳为选拔和评价下属的标准吗？例如，让团队更高效的意愿，即使个人业务受到负面影响也愿意控制自我的能力，还有对大环境的认知能力等。

（6）我们在下属之间营造了公开、信任和坦诚的气氛吗？例如，促使大家将分歧搬到桌面上，然后共同加以解决，而不是仅在表面上做出妥协，或是对团队行为及时做出反馈、进行指导，将尽可能多的决策交给团队来完成。

（7）我们鼓励下属进行坦率和直接的沟通，而不必顾忌上下级关系吗？

（8）在我们看来，我们的每个下属考虑全局的能力如何？我们会愿意帮助他们树立大局意识吗？

（9）用 1~7 打分，7 代表最高分，我们会给我们的直接下属在建设高效团队方面打多少分？什么东西能够帮助他们维持这种高效的工作表现？

第7章

核心技能之六：设定正确
目标

目标是我们希望带领组织到达的目的地。一旦我们向组织全体员工进行清晰的沟通，目标就能够协同大家的能量，特别是当目标与物质激励挂钩之后，目标就会对人的行为产生极大的影响。目标给后续的决策和执行设定了一个基调，也会在很大程度上影响最终达到的结果。

很多领导者认为设定目标是一件简单的事情，但实际上，设定正确目标是一系列行动。设定的目标在方向上和数量上都应该是恰当的，而且还要具有可行性和鼓舞性。既要让大多数短期投资者接受，也要确保公司能够在长期内获得盈利。由于对某个目标的追求往往会影响到其他目标的完成，例如，通过大幅降价实现短期的市场份额扩张，往往会对经营利润和现金流造成负面影响，所以，各个目标之间也需要进行相互平衡。除此之外，目标还必须既要能够反映外部大环境中的机会，又要充分考虑到公司现有的和潜在的能力。

如果我们不能充分考虑这些因素，又缺乏绝对的自信心，我们的目标肯定不是过低就是过高，要不就是自相矛盾。实际上，判断一个领导者设定的目标合理与否，最好的办法就是观察他在设定这个目标时思路的正确性。例如，2003 年，通用电气的杰夫·伊梅尔特制定出 8% 的有机增长目标，我们认为合理吗？

在 2001 年伊梅尔特接管通用电气后不久，公司股票就开始下跌。这是由各种不同的因素造成的，包括"9·11"恐怖袭击和因此造成的公司业绩下滑。通用电气在杰克·韦尔奇的领导下取得了长久而出色的收入增长，但分析师们指出，公司许多业务所在的行业都在面临下滑的危险。因此，通用电气的每股净收益可能会保持平稳，要想增加已经很难了。

市场泡沫破灭之后，全球经济处在后"9·11"时代的停滞期，投资者们担心大多数公司许下的尚未兑现的收入增长承诺会最终告吹。他们希望看到一个比较高的有机增长率，而这对像通用电气这样一个 1300 亿美元的"巨无霸"来说，好像根本是不可能的。当然，通用电气可以在可预见的未来继续产生现金流和收入，但对它的收入增长预期也只有 5% 而已。

然而，伊梅尔特却不愿意按照投资者的预期来决定公司的前进方向和发展目标。他没有单从公司过去的业绩和所处的现状出发而接受一个较为平庸的目标。相反，他将眼光放到了未来经济大背景的变化带来的机遇上，把通用电气的增长目标定在高于世界 GDP 增长率的两倍，即从 2005 年开始年收入增长率约 8%，在一个 1300 亿美元的企业，这大约是每年 100 亿美元的增长，相当于每年创造一个《财富》500 强公司。这样一个大胆的目标并不是出于野心或是盲目乐观，而是来自伊梅尔特设定目标的能力，这种能力能够帮助他分析公司的前进方向以及达到目标的方法。

伊梅尔特宽广的视野使他将通用电气的发展放在了全球经济的大背景下去考虑。进入 21 世纪，世界 GDP 总额达到 40 万亿美元，年均增长 4%，相当于每年增长约 1.6 万亿美元。更为重要的是，相当一部分增长来自新兴市场，特别是中国、印度、俄罗斯、东欧和巴西。伊梅尔特和他的团队做了大量的市场细分调查，认真分析了这些地区在发展过程中的需要。得出的结论是，这些地区不断扩大的需要有医疗卫生、娱乐、安保，以及一些基础服务，例如，交通、能源和净水。通用电气的业务范围已经涵盖了飞机发动机、机车、风力涡轮机、煤电厂和核电厂领域。为什么不能向这些国家提供这些以及其他基础设施相关的产品和服务来帮助它们发展呢？很明显，通用电气的机遇是巨大的。

伊梅尔特明白，制定出这个备受瞩目的目标后，很多事情还不明朗。通用电气该具体怎么做才能利用这些机会呢？这一过程中需要什么资源？其中一些事情已经很明确了，例如，公司要加大研发和技术利用的力度，建设或购买一些领域的新能力，如水的净化；开拓中国市场，和外国政府建立良好的关系，促使它们购买自己的基础设施产品等。另一些事情则不很明确，通用电气在创新、技术改进和市场拓展上，必须像以前在生产效率改进、运营管理和成本控制上一样表现出色。这些都需要花费数亿美元的资金，但这些举措都不能以牺牲通用电气良好的财务状况和 AAA 的信用评级为代价，股东股利也是神圣不可侵犯的。也就是说，这些推动增长的资源大部分只能来自运营效率的提高和利润的扩大，而这又决定了产品和服务必须通过运用新技术等手段进行进一步细分。而所有的这些都必须要在现有复杂的经济大背景下完成。

伊梅尔特将所有这些现实都考虑进来，不仅确定了未来一年、两年、三年内的机遇，还确定了其他可以帮助维持组织平稳向前发展的措施。在 2003 年董事会重大改组之际，他将这一系列目标提交董事会并随后展示给股东。

他预计通用电气在未来的几年中收入增长的 60% 将来自新兴市场，并且未来三年的有机收入增长率将达到 8%。在追求 8% 增长目标的同时，通用电气还要保持其 AAA 的信用评级，创造 20% 的投资收益率和 20% 的经营利润率，让现金流等于或超过收入的水平。他的个人长期计划和这些指标完全联系到了一起，还要在 5 年中保持通用电气的股价及其在标准普尔 500 指数（S&P 500 Index）中的表现。

确定了目标后，以下 4 件事情能够保证任务的完成。

（1）为未来的领导者成长设立标准，并将这些标准纳入人才规划和继任者选拔的过程中，通用电气将这个运作机制称为"C 会议"。

（2）投资技术研发，在中国和印度建立实验室，并翻新通用电气原有的研发实验室。

（3）通过建立新的"商业议会"运营沟通机制和改变"成长性项目评审会"的方式来对社会系统进行改革。伊梅尔特手上有80个超过1亿美元的项目，他每个月都要审核10个这样的项目。

（4）改变业务组合：退出一些业务，例如再保险；同时进入一些新业务，例如娱乐业。具体做法是买下维旺迪环球（Vivendi Universal），通过并购安玛西亚（Amersham）扩展医疗部门，进入一些新的增长领域，例如水处理。最终的结果就是要将通用电气在新的全球发展背景下进行重新定位，努力成为基础设施市场的全球领导者。

伊梅尔特制定这些目标时的理念就是收入的增长将来自运营业务产生的现金。通用电气的一些业务，例如消费品或工业制品，都会成为促进收入增长的动力，其中包括医疗保健业、基础设施业和娱乐业。伊梅尔特预计2005～2007年来自运营业务的收入将达到600亿美元，但在之前要在技术研发上投入150亿美元，在媒体项目上投入100亿美元，在市场营销和信息技术上投入120亿美元，同时还要在发展中的金融服业务上投入资金。

要在几年后完成这些雄心勃勃的目标，通用电气需要在一两年中打破以前每股收入两位百分数增长的传统。这是伊梅尔特需要拿出勇气做的一个调整。他试图赢得分析师和投资者的认同，但通用电气的股票价格却清楚地表明，许多投资者并不喜欢这种短期调整，认为这些增长目标太不切实际了。他努力说服那些重要的团体，例如，董事会、分析师，还有公司员工。在2004年给股东的年报中，他感谢投资者的耐心，感谢他们允许他追求这些目标。

到 2005 年秋天，这些听起来像白日梦的计划逐渐变成了现实。通用电气公布了 2005 年第三季度的业绩，公司达到了原定的目标：8% 的有机增长，现金流持续增长，资产负债表表现良好，收入重新实现了两位百分数的增长。

伊梅尔特展示了 4 个我们在设定目标时要注意的要点：第一，他深入观察研究有什么适合通用电气发展的好机会；第二，他充分考虑公司现在和未来实现这些目标的能力；第三，他理解这些目标之间的关系，确保这些目标能够同步完成；第四，他将远期目标和近期目标巧妙地结合起来。

许多其他领导者制定出不切实际的宏伟目标后却恳求他人帮自己完成，伊梅尔特不是这样，他是在对公司的未来做了充分的评估后，才制订出这个雄心勃勃的计划的。这两种思维方式有着本质上的不同。他制定的这些目标在每个阶段都是实事求是的，因此，逐渐赢得了大家的信任，而承诺得不到兑现则会失去大家的信任。

设定目标是领导者的一项核心技能，必须在合适的层面、合适的时间进行合适的组合。我们不应该仅仅回顾过去的业绩，对其稍做调整就设定为未来的目标，也不应该简单地将行业或整个经济体的目标定位为自己的目标。目标应该反映出未来存在的机会以及我们公司业务的特点。我们应该有不止一个目标来保持组织的平衡，这些目标也不一定非得全都是量化的或是和财务有关系的。在追求目标的过程中，我们总是会遇到顺境和逆境，这会加快或是放慢我们达成目标的速度，但我们必须要在开始时就清楚地设定时间表。当世界大环境发生变化，机会和组织能力扩张或收缩时，我们必须要适时做出调整。

只设定一个目标会出现很多麻烦，但设定多个目标也会带给我们思维上的挑战。我们必须要深入调查，确保这些目标相互之间是协调一致的。有一次，我和一位《财富》500强公司的首席执行官会谈，几位外部顾问正在进行陈述。他们利用一系列统计相关性的方法，促使首席执行官制定12%的增长目标。他们说如果达到这个目标，公司就可以进入《财富》500强的前125位。首席执行官礼貌地听着，问了几个问题，然后感谢这些顾问所做的陈述。他们走之后，他对我坦白地说："能达到12%的增长当然好，不过这不太可能完成。我们的利润率是2%，要获得1美元的额外收入，我们必须投入50美分。这样的高增长目标是不现实的，没有考虑到公司的盈利方式。"因此，他在几分钟内就结束了这个12%的增长目标的讨论，回到了现实。

目标的力量

毫无疑问，选择正确的目标是至关重要的。在里克·瓦格纳（Rick Wagoner）2000年接管通用汽车时，面临很大的困境。北美的市场份额一直是衡量汽车生产企业成功与否的标准，而通用汽车因为来自丰田和本田的竞争压力，这一指标已经连续几年下滑，现金流和经营利润都在萎缩，这个汽车巨头的大量工厂都远远达不到产能。如果瓦格纳不小心的话，他可能成为历史上第一个让通用汽车丢掉世界最大汽车厂商位置的首席执行官。每个人都知道瓦格纳必须将这个巨型企业带出困境，但是他怎样才能做到呢？

在美国，汽车业有一个重要且有很长历史的衡量指标，就是市场份额。瓦格纳在这方面设定了一个大胆的目标：阻止市场份额进一步下滑，然后反败为胜。通用汽车计划通过奋战将市场份额从 25% 提高到 30%。跟公司一起陷入困境的员工和投资者很支持这个目标，尽管他们也很疑惑瓦格纳究竟怎样才能完成该目标。

但接下来的现实情况却让这项宏伟的计划遭到了打击。2001年，通用汽车的市场份额继续下滑，同时现金流和经营利润也在下滑。第二年情况依然如此，接下来的几年也一样。到 2005 年，通用汽车已经陷入了泥潭。在前 9 个月中，通用汽车试图通过降价方式提高销售量，却在北美市场亏损了近 50 亿美元。这一年，从前不可想象的事情最终发生了，通用汽车的股票评级下降，成为"垃圾股"。有识之士已经在认真地讨论通用汽车破产清算的可能性了，因为只有这样才能解决庞大的员工合同与养老金义务的问题。瓦格纳夺回市场份额的目标演变成一场生存之战。

到底哪里出了问题？

在设定重新夺回 30% 市场份额的目标时，瓦格纳过度乐观了，目标根本无法达成。赢得市场份额听起来是个似是而非的目标，尤其是整个汽车业都过于迷信这个指标。但只要仔细分析通用汽车和它的主要竞争对手丰田和本田就可以发现，要完成这个目标非常困难，几乎是不可能完成的任务。

丰田、本田与通用汽车相比有几个主要的经营优势。这两个日本厂商是短周期运营的高手，能够比通用汽车更快地将汽车工业的前沿科技运用到设计当中，然后实现批量生产。结果就是，来自本田和丰田的产品总是更加新颖，融合了消费者想要的科技和设计元素。另外，丰田和本田在全球市场推出的车型都比通用少得多，这样他们就可以将设计新车型的成本运用到现有的每一种车型的每一辆车上。而他们产品的高品质是久负盛名的，并且善于准确地把握消费者的需求，所以两个公司推出的大部分车型都取得了很高的利润。丰田公司和本田公司的优秀业绩还源于都没有通用汽车这样的员工医疗和养老金负担。

通用汽车在美国市场就有超过70种车型。由于其中的很多车型并不像丰田和本田的产品那样成熟和受欢迎，通用汽车不得不频繁地大规模降价和打折，这最终导致了公司的盈利能力削弱，同时损害了品牌形象。

为了达到通用汽车重新夺回市场份额的目标，瓦格纳要保证这70多种车型中的大多数都具有更大的竞争力，而要做到这些，需要巨额的现金流和大批优秀的管理、生产和设计人才，才能保证生产出来的产品满足顾客的需求。而设计一种新车型往往要花费数十亿美元，但由于缺乏现金流和经营利润，通用汽车缺乏对其所有车型以正常速度重新设计所需的资金。瓦格纳设定了一个利用自有资源根本无法达到的目标，只能说他太不现实了。而丰田和本田却有充足的资金继续更新它们的车型，同时它们拥有顶尖的工程和设计人才，让它们的产品处在技术和设计水平的前沿。2005 年，能源价格的急速上涨使通用汽车盈利能力最强的卡车和 SUV 车型也遭受了损失。每个人都清楚通用汽车再也无法在这场车型大战上胜过丰田和本田了。

如果瓦格纳当初设定了不同的目标，情况又会怎样呢？例如，如果他宣布为了生存要获得现金流、提高利润，这一目标也许更为合理。那样他就要果断地剥离那些在竞争激烈的市场环境中无法生存下来的产品线，只有这样他才能够获得足够的资金和人才，将力量集中在能够在细分市场获取市场份额的几种车型上，从而产生利润和现金流。那时他本应该接受这样一个现实——剥离无法盈利的产品线之后，通用汽车的总体市场份额很可能会进一步下滑。而将力量集中在少数的几种车型上，可以使瓦格纳更容易聚集所能得到的最优秀的人才，并着重对这些细分市场进行开发。

在瓦格纳公布他的大胆计划之后不久，我碰巧会见了许多首席执行官。在这些外部人中，没有一个人表示理解，不知道他为什么要追求市场份额而不是从运营中获得利润和足够的现金流。到本书写作时为止，通用汽车的总体市场份额仍在下滑。在瓦格纳定下增加市场份额目标后的 5 年中，通用汽车的市场份额实际上下滑了不少。瓦格纳的目标是不切实际的，所做的事情使通用汽车在与丰田和本田的竞争中更加处于劣势。这个目标的设定最终成了自掘坟墓的开始。原本是想要赢回失去的东西，结果却搭上了全部家当。

设定目标时，我们的思路必须要非常清晰，想清楚要达到预定的目标需要什么。我们需要评估这些目标的可行性。当我们将这些目标传达到下级时，我们需要想清楚还要做哪些后续决策。同时我们不应该低估下级在实际操作中会遇到的困难。一句"我们一定要达成目标"也许会摧毁本来还算健全的组织。

一位负责一个收入10亿美元业务的经理，她以前总能够达成目标，但是这一次当老板对她上一年的出色业绩表示祝贺的同时，也向她扔下了一枚炸弹：在接下来的一年中，他希望她能够实现税前收入增长至少10%的目标。这位经理知道她可以完成，但是以她的观点看，一味追求这一目标会严重影响业务的发展。她的部门曾受到过很大的财务和竞争压力。原材料成本的上升速度是谁都没有预想到的，从上一年年初开始，光是能源价格就上升了30%。货币的不稳定影响了来自欧洲的需求，为了争夺市场份额，价格战异常激烈。中国提供了巨大的机会，此时正是该公司在中国市场争取立足之地的最好时机。但对于在中国的投资和业务扩张，她还在犹豫不决。

她相信在中国发展是非常关键的，并且已经瞄准了当地一家可以并购的非常理想的科技公司，需要1000万美元就可以拿下。但是由于财务上的原因，她只能花自己的钱而不能融资，所以要想达到老板要求的10%的增长目标几乎是不可能的。

她将这个情况向老板解释，阐明现在进入中国市场的重要性以及已经发现的新机会。她知道自己的竞争对手一定也在考虑同样的问题，也在准备抢滩中国市场。除非这些都能在下一年年底前完成，否则她的部门也许在很长一段时间都无法再得到这样的机会了。而且要达到 10% 的收入增长，还要完成在中国的投资，加起来相当于在一年中完成 20% 的增长率，这几乎是不可能的。

她的老板只是假装关心她提出来的问题。他在这家公司任首席执行官已经很长时间了，曾连续 24 个季度保持两位数百分比的每股收益增长率，他可不愿让这个纪录在此时终止。他希望她能想办法两者兼顾。他提醒她说，公司里每个人都会有各种各样的问题，而那些善于解决问题的人才能得到好的报酬。

创造 20% 的收入增长（包括在中国的投资），任何有点商业智慧的人都知道是不可能的。她能想出来的方法是取消三种研发产品中的一个。而销售团队已经为这三种产品找到了绝好的机会，产品研发人员加班加点地工作，这些产品已成功在望。取消产品研发等于击碎了他们推出成功的新产品的梦想和自己赢得市场份额的愿望。在广告和市场营销上的花费按道理是值得的，因为可以促进盈利，但这个部门早在一年前就已经开始做这些工作了。正如她的市场营销负责人所预言的那样，计划中的销售增长并没有实现，品牌价值受到了很大的影响，为此她自己全年的奖金几乎都泡汤了。虽然她通过对部门最受欢迎的产品提价赚回了一些钱，但她知道这从营销的角度来说并非长久之计。这个产品也许能赚取一些超额利润，但一旦到了某个临界点，顾客就会转投竞争对手那里。她能在这个部门进行效率改进吗？她之前的想法是关闭三个工厂中的一个，然后对剩下的两个进行整合，但是关闭工厂势必引起巨大的震动，工会肯定不会善罢甘休，当地的政治力量也许也会卷进来。

由于不能确信老板是否知道怎样使自己的部门更有竞争力，这位部门经理不禁担心起自己的未来。她给自己又增加了一个出路，就是找个新工作。很多中层经理都夹在中间进退两难，不知是该努力完成上级下达的目标，还是做有益于业务的事。当然，每个人在目标时限临近的时候都会感到压力，但当一个人接受了自己根本不可能完成的目标任务时，他的情绪就会受到很大的影响，相关的业务也会受到危害。当设定目标时，我们必须了解下属要完成这些目标，需要采取什么样的手段。

调查和对话

只有保持和下属的对话才能保证我们不会错过一些重要信息，并且可以不断地鼓舞他们达成目标，而不是给他们泄气。通过对话和沟通，我们可以将目标背后的原因对下属详细说明，并指导他们解决遇到的问题。也许我们并不具备具体的业务知识，但我们至少可以通过对话了解两个问题：我们设定的目标对他们来说是过低，还是过高，或是根本无法完成。

要知道设定的目标是否正确，需要下属和上级都拿出勇气。下属必须敢于和上级讨论有问题的目标。问题也许出在他没有完全领会做出决策的缘由，但同样有可能的是上级没有想清楚这个决策带来的无法预料的后果。下属的意见往往都会使上级警醒。

几年前，一位新上任的中层经理决定在季度末将预算削减500万美元，因为公司的收入出现了预料之外的下滑。一个月后，她认识到这些下滑的收入在明年也不可能收回；实际上，公司看起来已经在一步步走下坡路了，她不得不再一次削减成本以保证利润的稳定。

这家公司是在纸媒体广告上收入受损的。由于电子媒体的出现，广告收入不断枯竭。逐渐地，所有细分客户群都转投数字供应商那里去了，中层经理不得不告诉下属，他们必须更多地削减成本。她和她的团队不得不这样拆东墙补西墙，但高级管理层却不愿意面对收入的下滑，并将其看作她的问题。

最终，经过了几个季度的成本削减，又看不到转机的希望，这位中层经理已经耗尽了自己全部的智慧。她和她的团队只得绞尽脑汁，试图找到一条出路。她的直觉始终告诉她，现在这条路是根本行不通的。她很担心老板认为自己能力不够，无法胜任此职，但她最终还是克服了恐惧，向老板说明这个目标是行不通的，并同时做出了合理的解释。

有些领导者可能不会接受，但她的老板有开放的心态，善于接受新信息并相信了这位年轻经理的分析。他们没有马上下结论说这个经理做得不好，相反，他们仔细分析了前因后果，面对这个难以接受的现实——现有的业务模式已经不起作用了，必须想办法进行调整。

对话能迫使我们面对自己不愿意面对的事情，例如，与业绩不佳的下属面谈。领导者们常常会用优秀下属的业绩来弥补那些没有达到目标的下属的业绩，从而在总体上达到财务目标。而那些业绩出色的领导者没有去提升业务表现，而是被迫大幅削减成本。这种情况在长期是无法持久的，并且也不利于发掘人的才能。

有一些人拒绝上级下达的目标任务，仅仅是因为他们不理解或是不认同目标背后的逻辑。这从另一个侧面说明了反复沟通为何如此重要，人都是倾向于从自己的角度观察问题。例如，一位销售经理也许看到在销售旺季有更大的机会，因此会要求生产部门加速生产来增加库存，他没有考虑到资金问题。公司的财务总监也许正面临着很大的压力，他需要保留现金以避免评级下滑，因为这会造成一系列严重的骨牌效应。通过对话我们也可以向大家展示，虽然存在各方面的压力和局限，但我们所设定的目标仍然是合理的。

制定拓展性目标

有时候我们也许想要设定一些能给组织带来信心的目标，这通常意味着我们相信这些目标几乎肯定是可以达到的。当这些目标达到后，整个团队都会受到鼓舞。在大家信心增长的过程中，我们可以渐渐提高目标，最终我们会得到一个拓展性的目标。

制定可拓展的目标是为了向人们展示我们可以做得比自己想象的更好。大多数拓展性目标的制定本身就是一种技巧，通过鼓励下属更加努力工作，更有警惕性和先见性，在更短的时期内完成更高的目标，由此我们可以得到一种渐进的提高。能够实现战略拓展性目标的领导者是很少的。他们会要求下属从完全不同的角度思考自己做事的方式，而不是一味地埋头苦干，应该对外界

的变化有更大的敏感度。当杰夫·伊梅尔特为通用电气设定了 8%
的有机增长目标后，组织只能使用另一种思考和行为方式行事了。

制定这些目标也是一门艺术，判断力、执行力以及概念化的
能力都是非常必要的。我们要想清楚公司的现有能力是否能够应
对可能的挑战，以及造成信任度不足的差距在哪里。拓展性目标
可以激发人们的想象力和鼓舞整个团队，但前提条件是这些目标
是可行的。最重要的不是让人们更努力地工作，而是让人们换一
种行为方式，从而提升组织的能力。但这样的目标也伴随着很高
的风险。除非我们深刻地思考，找出组织必须做出的改变，否则
制定出来的拓展性目标是不具备可信度的，组织也不会相信我们。
首先我们一定要确保人们已经做好准备改变思考方式，并有足够
的资源来完成这些目标。

有一家公司有一种很独特但很有效的方式来完成高目标，那
就是鼓励人们完成他们自己喜欢做的那部分事情。这家公司在 10
年多的时间里在各个指标上都超越了比自己大得多的竞争对手，
例如，市场份额、毛利、净利以及品牌形象等。在这一年的 12 月
底，这个公司的高管者们制定出了一系列非常现实的目标，包括
市场份额、毛利、经营利润、收入增长率以及现金流等。领导团
队很确信只要不发生重大的变故，这些目标都可以实现。另外，
他们还预留了一大笔准备金用作广告、推广以及销售团队奖励的
支出。这样公司就在一整年中具备了充分的弹性，可以宽松地进
行市场营销、广告以及推广活动。接着他们通过追逐新的机会来
测试团队的能力，加快前进步伐并在各个层面上都做了巧妙的调

整。组织中的成员都非常喜欢这种可以追求新机会的弹性。他们的心态不再是"我怎样才能达到目标",而是"我怎样才能打败对手,并拉开我们之间的差距"。这种促使员工超越从前业绩的技巧最终取得了很好的效果:这家公司在超过 10 年的时间中一直在不断地刷新原来的业绩纪录。

在急速变化的世界中设定正确的目标

目标应该与业务的定位联系起来。在错综复杂、急速变化的世界中,目标的性质及其规模量级已经发生了变化。时代华纳出版公司(Time Warner Publishing)的首席执行官摩尔(Moore)就在 2005 年遇到了类似的挑战。时代华纳的旗舰杂志——《财富》与《时代》的广告收入不断下滑,而且这并不是周期性的下滑。许多杂志和报纸,就像我们之前提到过的那样,都面临着同一个竞争对手——谷歌。很多商业杂志,例如,《福布斯》《商业周刊》《财富》等的广告收入都比巅峰时期有了很大幅度的下滑。这样的状况要求它们大幅削减支出、缩小规模,但这样做就够了吗?

在摩尔的众多杂志中,有种类繁多的出版物供不同的市场细分人群选择。但几乎所有的门类都在经历一个共同的趋势,那就是所有的消费者都在转向网络媒体,所有的广告客户也都在转向,包括掌上电脑、笔记本电脑或电视在内的新媒体,它们将信息和内容通过宽带、有线或无线进行传播。每种不确定性都会影响每一种杂志的定位。是应该完全保持原有的印刷方式,还是应该将这些杂志内容网络化？如果将内容网络化，原有的印刷版本还应该保留吗？市场研究可以告诉她当前的现实，但对预测未来帮助不大。她还是需要进行评估，哪些杂志需要投入更多的资金，哪些可以少投入一些资金。毫无疑问，她必须要降低总体成本，但收入下滑的速度和幅度会是怎样的？在哪里可以找到新的收入增长点，以及还需要在哪些方面进行投资？要从在线业务上获得收入，还需要什么样的人才？在资金上要投入多少？在削减成本的同时怎样才能保证不会将潜在的收入增长机会也一起削减掉？

这些问题的答案将会对时代华纳的目标选择产生关键的影响。成本削减作为一项目标来说是可以提前预见到的，但必须要在正确的时间、正确的地点，通过正确的方式来完成。然而最重要的也是最难设定的目标却是收入增长率，这需要充分了解收入产生的来源，然后进行合理的组合。具体来说，就是要调查人们消费媒体的新方式，然后再寻找一种增加收入的新方式。不管摩尔选择了哪一种目标都是会有风险的，但如果不根据外界变化进行目标调整，承受的风险会更大。

并非所有的外界变化都这样深刻，但变化确实是生活的一部分，领导者们应该时刻关注这些变化如何影响自己的目标。在2005 年 1 月，戴尔还是个人电脑业的霸主，在全世界的市场份额位列第一。戴尔拥有成功的运作模式——直销和按单生产，这种无与伦比的模式使其在 2004 年取得了 20% 的收入增长，而康柏自2002 年与惠普合并后就受到了种种约束。

但当日历从 2005 年 12 月翻到 2006 年 1 月后，情况发生了戏剧性的变化。竞争突然加剧了，市场增长放缓，戴尔在过去的四个季度中，华尔街有两次对它的评价出现分歧，收入增长率没有达到预期。戴尔需要调整他们的利润和收入目标吗？

在同业竞争中，出现了三个重大的变化。第一，IBM 将其个人电脑业务出售给了联想，这是一家在个人电脑和笔记本电脑业务中发展迅速的中国公司，该公司拥有良好的成本结构并致力于提高产品外观的美感。第二，联想公司聘用了一位戴尔过去的重要高管，这位高管曾负责戴尔关键的亚洲市场业务，是一名供应链管理专家。第三，戴尔的主要竞争对手惠普的管理层发生了重大变动，马克·赫德（Mark Hurd）接替卡莉·菲奥莉娜（Carly Fiorina）成为公司的首席执行官，并通过分割个人电脑业务和打印机业务结束了公司持续很长时间的混乱状态。他对公司的前进方向具有非常清晰的思维。同样重要的是，他还聘用了一位在供应链管理上非常出色的新领导者，来重新考虑消费者和市场细分问题。

所有这些变化发生的大背景是，各种型号的个人电脑的销售增长率都在下滑。另外，消费者购买行为也出现了新的不确定性，那就是苹果公司继续在产品外观和技术革新上高歌猛进。所以很明显，收入增长、经营利润以及市场份额的目标都需要重新审视。

就算是不快速调整目标以适应快速变化的现实，我们也应该适当调整与这些变化挂钩的物质奖励。1996 年，就连以强硬而著称的杰克·韦尔奇都意识到，不管付出多少努力，不断变化的外界环境都会导致目标无法达成。他制定了雄心勃勃的目标，但同时授权给高管们，即便达不到约定的目标，为了应对外界的变化也应该做正确的、对公司真正有益的事情。在那一年，通用电气飞机发动机公司的总裁吉恩·墨菲（Gene Murphy）没有达成目标，但韦尔奇不但没有责怪他，反而给他分配了高管中最高的奖金并对他公开进行表扬。当时整个航空业都在经历一场危机，墨菲的确没有达成目标，但他以很高的利润在这场竞争中胜出。在这么短的时间内就达到原先设定的目标是不现实的，报酬的调整恰恰反映了这些现实。韦尔奇深入调查了实际发生的情况，充分考虑到了外界环境发生的变化。他认识到，墨菲在这样的现实环境下能完成这样的业绩已经相当出色了，他理应得到奖励。

制定切合实际的目标

要设定正确的目标从来就不是件容易的事情，客户的要求频繁地变化，要实现这些目标，各个方面都要不断地协调。要保持目标的意义并让组织正常运转起来并最终达到目标，这是非常具有挑战性的，但同时也是可能的。例如，威讯联合半导体公司（RFMD）是一家总部设在北卡罗来纳州，生产无线通信组件的企业。公司无线电产品副总裁埃里克·克里维斯顿（Eric Creviston）设定了一系列需要达到的目标，涉及收入、总利润、投资等。他们决定实行自上而下，然后再自下而上的方法，所以首先他要为各个下属部门的经理们设定目标。在这样的技术公司中，这是一个长期的平衡与再平衡的过程。

每个部门都有数个正在研发过程中的技术，并且在一定的时期内，每个部门对人力以及财力的要求也不同，因此，他们的潜在收入回收期也是不同的。说得再复杂一点，技术研发的资源要求，特别是在那些全新的技术领域或技术平台中，很大程度上是要靠猜测的。绝大多数产品涉及发明，而不仅仅是工程制造的问题，要精确地预测需要花多少时间、投入多少资源才能解决问题几乎是不可能的。面对所有这些复杂的问题，克里维斯顿只能尽量确保所有这些部门的目标都满足盈亏中心的标准，同时盈亏中心的负责人也要尽量满足市场营销、工程、制造、包装以及检测部门的需要。

为了将人们的注意力集中在正确的行动上，他每个季度都会将各部门经理召集起来一次，就目标的设定进行讨论和调整。为保证讨论的内容实事求是，并不受情绪化的影响（例如有人会说"这项技术一定很厉害"），他要求每个与会者都要带来相关的商业计划、图表及数据。

这个团队就潜在项目以及如何协调合作完成这些目标进行了热烈的讨论，着重关注时机和进行不同项目时的风险控制。他们讨论了很多次，直到最后克里维斯顿对结果满意为止。到这时起他才开始设定具体目标，包括财务方面的和执行方面的，例如，工程的目标包括增加一些产品设计元件的重复利用。

威讯联合半导体公司对 5 个主要客户的依赖度很高，而这些客户的需求变化很快，这就要求威讯联合半导体公司也要跟着进行快速的变化。克里维斯顿不得不时刻保持高度警惕，随时准备重新考虑和调整所有下属的目标。一个对目标朝令夕改的领导者常常被认为不够果断，很容易造成混乱和失去信誉。但有时候目标开始时可能是正确的，可到最后却发现错了，原因仅仅是由于外界环境已经变了。而针对外界环境的变化调整目标，显现出来的是领导者在这方面的能力。克里维斯顿部门的目标在那一年中依然表现得相对稳定。顺利完成这些调整也是部门的目标之一。

设定正确的目标意味着要频繁地重新思考关于市场、竞争以及商业环境的问题。我们应该充分意识到外界有很多因素是我们无法控制的，例如汇率、商品价格、财务政策和货币政策，这些都会对我们的业务造成很大的冲击。如果我们具有这方面的特别能力，就能够以一个客观的视角分析未来两三年的发展状况，然后在长期和中期内按照这个思路规划以后的工作。同时，我们还要充分关注每个目标的质量。可以通过加强业务操作的方式来达到这些目标吗，例如用质量改进的方式削减成本？或者只能够通过严厉的、有可能损害业务的行政命令的方式来实现这些目标，例如削减研发投资？

选择目标时的心态

选择目标并非字面上看到的那样客观和易于分析。在现实中，领导者都有他们自己的情感和心理偏好。情感和心理偏好可以帮助我们解决制定目标时遇到的问题，使我们在遭到质疑的时候坚持追求自己的目标。但情感有时候也会在最需要的时候妨碍我们清晰地思考。如果我们是一位上市公司的领导，当我们制定的目标过于平庸时，投资者就会带着钱离开，寻找更能制定大胆目标的领导。而不切实际且无法达到的高目标更会使公司的股票严重受挫下跌，同时还会在很长一段时间内损害这位领导的声誉。

不同的领导在面对相同的境况时，由于心态和认知能力的不同所做出的目标决策也会有所不同。我们应该扩展自己的视野并考虑到更多的因素，包括我们自己的心态、个性和认知技巧，以确保我们的目标对于整个组织来说是正确和健康的。

雄心勃勃、骄傲自大，甚至有些时候的自我陶醉，常常会导致制定出来的目标大胆、激进、充满想象力、惹人注目，但最终这会对公司有害。有些奖励制度常常会使这样的问题加剧，因为那样的制度鼓励领导者制定并达到一个单一的目标，却不管这样做对公司的发展会造成什么样的损害。

例如，由于成功地完成了一项并购案，一位首席执行官使自己的公司每股年收入以15%的速度迅速增长。然后他制定了20%的年增长目标，为了达到这个目标还改革了公司的奖励制度。他要求最高领导团队的25名成员拿出两年的奖金来购买公司的股票。团队成员需要借入无息贷款先行垫付。那时公司股价约为每股32美元，在股价上涨到55美元之前，首席执行官不许他们抛出股票，就是到了这个价格，也要在90天之后才能抛出，然后收回现金并偿还贷款。

团队执行了首席执行官的决定，但还不到12个月的时间，行业增长速度开始放缓，公司的另外 4 个部门之一由于产品质量问题开始陷入一场危机，需要很长的时间才能解决。股价不但没有增长，反而下滑到 24 美元。由于损失了如此多的奖金，高管们已经开始对他失去了信任。最终，一个很有心机的董事利用了管理层中的矛盾发起了一个"90 日动议"，迫使首席执行官离开了公司。这些高管们只得从自己的口袋里掏出钱来偿付公司的贷款，承受这次财务损失。新上任的首席执行官替换了整个团队。两年半后，当这位首席执行官也离开时，公司的股价仍在 35 美元以下。

这种目标——某个额度的股票价格，是公司自己无法控制的。这不仅仅因为投资者反复无常，也因为行业本身就是被监管着和充满竞争的，任何政府行为都会影响到行业甚至是股价。为了追求 20% 的增长目标，管理层只得关注不同的重点并重新分配资源。当一个部门遇到麻烦时，整个公司都会受到牵连。于是，最后的结果非常糟糕，因为首席执行官只选择了单一的目标，而且这一个目标还是错误的，它的执行对公司毫无益处。

刚刚担任某一工作的人常常会好高骛远，制定一些难以达到的高目标来给他人留下好印象，因为宏伟的目标总是能够让人们兴奋并吸引他人的注意。许多新任首席执行官为了给华尔街留下好印象，总是会吹嘘说自己 5 年后肯定会取得高收入增长。投资者受到了诱惑，股价也跟着上涨，首席执行官得到了想要的认可，直到最后由于缺乏增长动力，目标最终无法实现。

然而，从这些吹起来的牛皮的失败中受到最大伤害的却是员工和公司。这样的情况在组织的底层也会发生，员工为了让上级看到自己的能力而夸下海口，不管最后是不是真的能够达到。

最聪明的方法是保守承诺，超额完成。使用这种方法的人们在表现自己的雄心壮志上不会比竞争者逊色多少，但却更能设定一些长期的目标，可以有充分的余地在外界环境发生突变时进行调整。当然，日久见人心，投资者们会渐渐关注这些看起来有些平庸的领导者，用手中的资金给这些领导者的稳健作风投票。如果很少让他们失望的话，投资者就会喜欢上这些领导者，因为知道他们是可以信赖的，不用担心吹出来的泡沫最终破灭的事情发生。

长期以来，丰田公司总是以他们的业绩比之前预计的高出一点点著称。同样，西南航空公司（Southwest Airlines）有着令人羡慕的声誉，因为他们在燃料价格飞涨和空载严重的情况下仍然能保持较好的业绩，这是过去 30 年中标准普尔 500 公司中股东回报率最好的公司之一。吉列公司在吉姆·基尔茨的领导下调整了新产品推出的速度，这样新产品可以既不过剩，又不缺乏。

我们应该为自己制定目标的原因做一个自我评估。那些在心态上比较封闭的领导者就不太容易做出一些新颖的方案，例如，与外部公司建立合作伙伴关系或利用其他人的能力等。如果害怕对下属做出反馈，领导者就会有意躲避许多困难的决策，例如，削减那些没有达到目标的项目和产品，或是重组业务、裁减员工这些最终还是要做的事。

也许最大的心理挑战就是处理与投资人之间的关系。处理长期目标和短期目标之间的平衡是一项很关键的能力。不管怎样，在弱肉强食的投资市场中，投资者单从疲软的短期表现就断定一个公司的失败是无可厚非的。我们要做的就是找到一个平衡，只有当我们非常确定牺牲短期业绩能够保证长期收入时才能这样做，并且要在投资者们的预期在短期内没有实现时向他们充分解释这一点。要做到这一点，面对咄咄逼人的投资者施加的压力，就需要我们拿出足够的勇气。

鲍勃·纳德利在刚刚担任家得宝的首席执行官时也遇到了同样的状况。如今他正在赢得人们的支持，但在他的任期刚开始的几年，他公布的目标却很少得到支持。他不得不在这个内部权力极度分散的公司中投入巨资以进行技术更新以及基础设施建设，然后还要提高利润和现金流来抵消这些投资。他利用最初的几个月深入到店铺中，在鼓励各层员工努力工作的同时研究行业乃至整体的经济状况。在此基础上，他发现了一个对家得宝来说巨大的增长机会，并得出了一个清晰的行动方案。根据所有这些他整理出一个明确的信息，就是建立公司短期和长期实际能力基础上的目标。

然而，对于纳德利来说，制定违背投资者预期的目标带来的麻烦远不止于此。股市想要看到新店开张一年后就有不错的业绩，但现实却没有立刻如他们所愿。纳德利的目标重点是削减成本，将增长的利润留在公司中，通过提高存货周转率来改善现金流。在意识到缺乏有经验的分店经理的事实后，他们降低了开设分店的速度。股市立即就对纳德利的方案进行了否决，将资金撤出转投到家得宝的主要竞争对手劳氏那里，使家得宝的股价一下子跌了一大半。纳德利没有动摇，尽管他刚刚涉足零售业。他知道自己在做对公司有益的事情，这些目标是自成体系的，每一阶段公司可以达成的目标都非常明确。所有的变化都按照一定的步骤逐渐实施，好让所有的员工都能很好地适应。销售量的增加总是要实现的，但在那之前要先实现别的目标。董事会包括家得宝的创立者，都理解并支持他的措施。纳德利既有设定正确目标的能力，也有在全世界的不理解中坚持下去的韧度。

每个人都知道仅仅宣布目标是不够的，必须放眼未来，实事求是、专心致志地执行下去。现代商业错综复杂，领导者们往往有过多的工作重点，突然要他们从中挑一个，多少会令其不知所措。必须要选择其中很少的几个，然后坚持到底，认真执行，这就是我们要在第 8 章中讨论的问题。

这家欧洲跨国公司的正确目标是什么

2003 年，一家生产设备、提供专业服务的公司在不到 4 年的时间里任命了第 3 位首席执行官，前面的两位都失败了。新任领导者来自一家全球知名的咨询公司。早先他曾担任过一个规模为这家新公司 1/3 的业务部门的负责人。

在刚上任的 50 天里，他在世界各地奔走，拜访公司客户，同时他也会见了公司内部的许多人，了解发生争执、决策瘫痪等问题的原因。他第一步要做的就是想办法让公司生存下来。公司背负着巨额债务，股价在过去 4 年中下跌了 80%，管理层和员工的信心都在动摇。

他非常需要发动员工，制定新的战略并设置相应的目标，这些目标完成后一定能够振奋士气。这位首席执行官在脑中构想了许许多多关于目标和工作重点的举措，但他深知这些目标的实施过程才是最重要的。

在接下来的 12 个月中，他应该制定怎样的连贯性财务目标呢？他接手时，公司的各项财务指标如下：

- 毛利率：24%
- 销售费用：15%
- 其他支出：7%
- 经营净利润：3%
- 存货：30%
- 应收账款：25%
- 应付账款：20%
- 资本投资：6%
- 红利：1%
- 总收入：200 亿欧元，与过去 3 年大致持平
- 负债：占资本金的 200%

很多人都想通过产生现金流来摆脱危机，即在短期内削减成本，进行应收账款和存货管理，以及处理其他导致业绩不良的问题。当然这些方法肯定是有帮助的，但更关键的一个指标是毛利率。在这家公司中，制定更高的毛利率目标，就会促使公司采取

行动来处理那些亏损的部门、生产线、缺乏竞争力的工厂以及顾客。除了提高毛利率，目标还应该更有侧重，聘请更优秀的人才，在技术研发和市场营销上进行更多的投入，这也会进一步提高毛利率。如果在没有设定毛利率目标的情况下设定高收入和高盈利的目标是不谨慎的。

在这个案例中，领导者必须要有勇气制定较高的毛利率目标，并有足够的耐力执行下去，同时，还应该在短期内制定一个相对较低的收入目标。

第8章

核心技能之七：专注工作重点

工作重点是实现达成目标的必由之路，它可以提供一个路线图，有效地组织和指导业务向目标前进。当工作重点明确无误时，人们就知道自己具体应该在什么地方集中精力、分配资源，然后坚持到底。正确的工作重点可以使我们在每件事看起来都非常紧急、纷繁复杂、忙忙碌碌的每一天里做真正重要的事情。正确的工作重点可以使我们从各种让我们感到压力和困惑的要求中解脱出来，让我们找到自己和组织中其他人的工作重心。没有工作重点的人总是会试图做每件事，将宝贵的时间和精力浪费在不重要的事情上。

目标是从5万英尺的高空总揽全局后设定的，而工作重点则是在平地上脚踏实地做出的，我们必须要有足够的耐力和意愿在复杂的细节中探索、思考并定义工作重点是什么，接下来要做什么，有什么样的后果。工作重点可以决定资源的分配方式，在资源从一个人转移到另一个人的时候可能会引发冲突。因此，工作重点必须要非常明确、具体，最重要的是要可行，但这还不够。在设定工作重点之后，我们必须一遍又一遍地向人们重复这些工作重点，确保他们充分理解和认同，不至于偏离方向。

当杰夫·伊梅尔特决定公司最主要的目标之一是达到 8% 的有机增长时，他确立了工作重点以保证这个宏伟目标的最终完成。显然，一些经济正在崛起的国家，特别是中国和印度，将会比发达国家以更快的速度增长，因此他设立了一个工作重点，即通用电气 60% 的增长将从这些新兴市场获得。这些国家将进行大规模的基础设施建设，包括涡轮机、水处理、铁路和航空等，而其中的很多业务都属于通用电气的经营范围。接下来伊梅尔特又设定了第二个工作重点，即重组一些基础设施部门以更好地适应市场。在技术研发上进行投资，重组了通用电气现有的研发实验室，并在中国和印度建立新的实验室，这些都是通用电气在重新设计人才规划和继任计划时优先考虑的重点。最终，伊梅尔特开始改变公司的社会系统，例如，建立新的运营沟通机制，即商业议会，另外还改变了项目增长的考核机制。他手边现在有 80 个价值上亿美元的项目，他自己每个月要审查其中的 10 个项目。

当我们选择工作重点时，必须要从以下 4 个标准中取其一：什么是重要的，什么是紧急的，是长期还是短期的，是现实的还是理想的。如果我们什么都想要而无法做出选择，结果将会非常糟糕。我们必须要有平衡这些方面的心理准备，知道有些不但行不通，还会起反作用。还有一些可能会改变人们之间力量的平衡。

但如果我们内心确信自己判断的正确性，而且我们不需要被每个人喜欢，我们就完全能做出正确的选择。

如果能制定正确的工作重点，将会在组织内部和外部（如在供应商之间）产生巨大的能量。相反，如果工作重点设置错误，将会造成很大的损耗。

什么是错误的工作重点

有些人有一种错误的观念，就是什么事都想做，因此设置了太多的工作重点。他们担心选择少数几个工作重点后，会遭到同事、员工以及媒体的批评，说自己遗漏了其他事情。他们错误地将所有精力平均分摊到每件事情上，而不决定哪些是达成目标所需的最重要的因素。还有一些人犯错是因为没有得到充分的信息，这些人得到的信息都是经过多层过滤的，过滤掉的常常是对解决问题最有用的信息，特别是坏消息。另外，自负也常常会导致做出错误的工作重点选择。和大多数人一样，我们肯定也不愿意面对由于资源分配而引起的矛盾和尴尬。为了避免这种矛盾，一些领导者会将这种决策交给财务部门来做，他们会根据一些财务工具而不是商业判断来决定在哪里投资。有些人不愿意做这些思考工作，例如在复杂的现实中过滤、分类、挑选对自己有用的信息，然后总结成简单的道理。还有一些人因为害怕出错就根本不愿做出选择，喜欢拖延时间并寻找借口，例如说缺乏足够的信息等。

我们可能设定正确的目标却选择错误的工作重点。但如果我选择了错误的目标，那工作重点肯定也是错的，而且公司一定会陷入危机。

就像我们在第 7 章讨论过的那样，当通用汽车的里克·瓦格纳将增加美国市场份额定为公司的目标后，他设置了一系列工作重点来配置手中有限的资源，将现金流和人才分配到各种车型上。结果是显而易见的，那就是通用汽车在继续丢失市场份额，而且现金流的问题进一步恶化了。在通用汽车的现状下，现实的目标是什么？应该采取什么工作重点来实现这些目标？

目标很明确。第一，最重要的就是先要生存下来，也就是说要管好现金流，控制现金流的速度。第二，扭转公司的经营状况，实现收支平衡，甚至盈利，通过运营实现现金流入。这意味着在一些细分市场上增加市场份额，而在美国的整体市场份额也许会有所下降。第三，重建通用汽车的品牌。

但实现这些目标的工作重点是什么？也许有数百件事情可以做，但领导者必须决定四五件对公司的生存至关重要的事情，然后立即执行。瓦格纳应该首先做哪些事情？仁者见仁，智者见智。我认识的一位首席执行官列出了一个清单，上面是如果他在瓦格纳的位置上将会采取的工作重点。

（1）他要做的最重要的一件事，就是找出对公司最重要的一个细分市场，然后确保公司能够以适当的成本，生产出高质量的产品。他会投入相当一部分现金和最优秀的人才来保证这个过程的顺利完成。目标达到后，生产出的这些产品会产生现金，提升员工士气，说服经销商和供应商继续和公司合作，甚至可以使投资者与媒体相信通用汽车能够成功。这会给其他各方面奠定基础。通用汽车必须要给消费者提供他们想要的产品。如果不能的话，情况只会进一步恶化。

（2）获取更多的现金，以便在进行运营变革期间，增加血液供给。通用汽车确实认识到了这方面的需要，早在2006年，他们就将红利削减了一半，高管的奖金也有很大程度的削减，但这些措施还不够。通用汽车还在坚持保留所有70种车型，这现实吗？要保持这些车型的流行和竞争力，必须投入大量的现金流、工程和设计人才，但通用汽车已经力不从心了。公司曾偶尔提到过取消入不敷出的萨博（Saab）和悍马（Hummer）品牌，但即便是真的取消了，这对公司回收现金的帮助也不够大。当然，取消更多的生产线会导致总体市场份额的下滑，将此作为目标对于通用汽车的领导者来说明显是非常痛心的。

（3）想办法摆脱沉重的员工养老金和医疗费用负担。如果公司不能降低这些成本，就无法长期与丰田、本田等没有这些负担的公司竞争。工会和政治团体都需要做出一些变化。

（4）尽快关闭产能过剩的工厂。那些工厂出产的产品收入将继续下降，越快将它们关闭就越有利。这些大动作还必须和工会与政治团体进行充分协商，以保证过程的顺利进展。

（5）观察公司的高层领导者，看他们是否具有公司未来赖以生存的带领团队进行设计、工程制造、市场营销的专注能力以及优秀品质。由于通用汽车的未来取决于在北美市场的成败，他将另外物色人选接管瓦格纳的这部分工作，让他担任首席执行官同时监管北美市场。但如果他没有合适的才能，他会很快发现。毕竟，管理人才的能力才是一个领导者最重要的能力。

通过沟通获得大家对工作重点的理解

有时候，为了达到公司目标做出不受大家欢迎的工作重点决策是有必要的。这些工作重点对那些朝九晚五、中规中矩，在资源配置上遵守常规的人来说会是很大的冲击。如果我们是一个很在乎他人对自己看法的人，也许就很难有勇气设定正确的工作重点并说服人们遵循我们的计划行事。当人们不认同我们设定的工作重点时，正是考验我们领导才能的时候，我们首先要让这些执行计划的人理解并认同我们的计划。

这正是《太平洋》（*Pacific*）杂志新任总编克莱夫·纳德勒（Clive Nadler）遇到的境况。这是一家久负盛名的月刊，但作为一个几乎是纯纸质的媒体，《太平洋》感受到来自互联网的巨大竞争，例如博客、在线杂志以及触手可及的海量信息。《太平洋》的发行量不断下滑，广告客户告诉销售部门，该杂志的读者群体太老了，文章也太长了。一些优秀的年轻作家也被一些周报以及 *Slate* 这样的在线杂志挖走了。

纳德勒的目标是将发行量和广告量稳定在现有的水平，同时削减成本，至少维持与现在持平的盈利能力。在一次月中员工会议上，他出人意料地向大家解释了他为达到目标要对编辑部采取的一些重点工作。第一，《太平洋》要取消一些时事主题。对于这些主题，互联网和报纸能够比月刊做得好很多，读者不会愿意花钱来看一些在别处很容易得到的信息。第二，由于广告客户们希望吸引更多的年轻读者，因此杂志要更多地刊登一些年轻读者感兴趣的主题，例如个人财务规划、健身等。为了削减成本，许多主题都要外包，让那些收取计件报酬的自由撰稿人来完成，这样就可以免去医疗保险以及退休金的负担。第三，他们不再需要单一话题方面的专家，每个编辑必须能够写广泛题材的文章，而且每个月应该写出不止一篇。文章篇幅当然要比大家都已经习惯了的"时评"短。第四，纳德勒说他已经聘请了一位新的设计师重新设计杂志的总体形象。

毫不奇怪，编辑部出现了很多抱怨和异议。他们中的许多人在报纸或小杂志工作期间花费了巨大的心血，在业界建立了自己的专业声誉，也正因为如此，他们才得以进入这家杂志社。他们已经习惯了每月一篇文章的宽松进度，因为他们需要时间深入钻研所写文章涉及的专业知识。如果他们的报道需要在加利福尼亚或欧洲待两周的话，也完全可以。但要让他们每个月写出两篇自己几乎没有什么专业背景、需要通过电话或从网上搜寻大量资料才能完成的文章，几乎是不可能达到以前那样的质量的。这位新主编在他们很多人的眼中，是要将他们无比爱惜的杂志变成又一个实用主义的出版物，缺乏对重大趋势和事件严肃深入的挖掘调查。一些高级职员已经萌生去意了。但是当他们在出版业中环顾四周时发现，自己的刊物并不是唯一的例子。到处都在发生这样的变化，已经没有别的地方可去了。

当然，纳德勒也听到了一些抱怨。他开始经常在公司的餐厅里吃饭，坐在大桌子边，想让员工们能够和自己放松地沟通。当得知他们的想法后，他做好了讲出自己道理的准备，因为这是对这个杂志社绝对不能含糊的问题。"在我当时考虑接受这份工作的时候，按照我对当时形势的判断，这份杂志肯定撑不了 4 年时间了，"他告诉大家，"我们都喜欢老方法，但老方法现在已经不起作用了，我们必须改变，而且还不能是缓慢和渐进式的改变。世界变化得太快了，如果我们不想落伍的话就必须同样快速地变化。"

纳德勒坚持自己的信念，并试图使用发行量、成本、利润的事实说服员工。这并不适合所有人，但他也并没有失去所有员工。几个月后，有些职员离开了，但大部分人都留了下来。他们怀念从前的报道旅程，但同时也发现了钻研一个个完全陌生的知识领域的乐趣，并且在每一期都有自己的多篇文章感觉也不错。由于使用了很多自由撰稿人，杂志社对编辑的需要增加了，一些作者终于被提升到以前梦寐以求的编辑岗位。到年底，杂志的发行量有所回升，许多人承认纳德勒的决策是正确的。

抓住人才和工作重点

工作重点需要人员来执行。因此，在你设定新的工作重点时，你必须问，我们是否有合适的人才来执行这些工作重点？看看克莱斯勒的案例，我们就能明白选择适当人才的重要性了。通用汽车的市场份额不断下滑，与同城的对手戴姆勒－奔驰（Daimler

Benz）的美国分公司克莱斯勒（Chrysler）相比，它在财务上损失惨重。戴姆勒公司在数年前就意识到要在汽车业发展，不能再只以德国为中心，因此并购了美国的克莱斯勒公司作为进军美国这个世界最大的汽车市场的跳板，同时也是为了进入新的产品细分市场。然而，好像从一开始并购就陷入了一场灾难。在投资者面前，这是一个名义上的"平等的并购"，但大家很快就发现，戴姆勒只是让克莱斯勒充当自己的下属。克莱斯勒内部的经理们对此非常不满。更糟的是，克莱斯勒的产品市场表现不好，管理克莱斯勒的美国高管却没有能力制造出美国消费者想要的革新产品。在失望和股东的压力下，戴姆勒的首席执行官约根·施伦普（Jurgen Schremp）派出了说话斯文的产品专家迪特尔·柴奇（Dieter Zetsche），希望他能利用自己在戴姆勒的梅赛德斯—奔驰（Mercedes Benz）分部的成功经验来扭转克莱斯勒的现状。

柴奇的第一个工作重点就是开发正确的产品，例如汽车和卡车等，力求给消费者以及对手丰田、本田和尼桑一个耳目一新的感觉。第二个工作重点是稳定士气低沉、功能缺失的管理层。并购之后，高管人员的频繁更替和机构臃肿的问题给公司敲响了警钟。通过谨慎而合理的职位安排，柴奇着手处理了这些混乱状况。最终他和供应商建立了紧密的合作关系，这样的稳定关系比以前的那种突发性和不可预料的供求方式更能降低成本、提高效率。后来克莱斯勒的新产品得到了汽车媒体以及消费者的好评，有迹象表明，柴奇的拯救行动已经获得了成功。在过去的几年中，克莱斯勒确实赢得了一些市场份额并且保持了盈利，而柴奇现在已经回到了德国的戴姆勒总部。克莱斯勒仍在不断进步中，它的成功表明，选择合适的人才是实现目标的关键。

选择合适的人才就是寻找和培养具有成为出色领导者潜力的人，这也是杰夫·伊梅尔特在通用电气的一个主要的工作重点。在 2002 年和 2003 年对通用电气进行重新定位，制定出 5% ~ 8% 的有机增长目标之后，伊梅尔特开始着手改进通用电气选拔领导者的标准。公司长期关注于效率的提高，但现在提高增长率是首要目标，伊梅尔特谨慎地审视和评估了组成高管团队的大约 600 名高管，然后决定了执行各个目标的人选。通过为人才规划和发展设定的常规运营沟通机制（"C 会议"），伊梅尔特和他的高级人力资源经理对这 600 人的擅长领域进行了逐一评估，看是否符合他制定的领导者标准，最后决定给他们安排什么职位。其中一个很重要的工作重点就是为中国和其他新兴市场的增长建立一支领导梯队，并分配足够的预算和其他资源来保证这个领导梯队的建立。

保持步调一致

玛丽亚·路易莎（Maria Luisa）是费雷·兰热尔集团（Ferre Rangel Group）的首席执行官。这是一个主营出版业的家族企业，总部位于波多黎各圣胡安，拥有两家报纸，一家是波多黎各最大的报纸 *El Nueva Dia*，另一家是以年轻人为目标群体的 *Primera Hora*。她很清楚互联网对报纸的威胁，决定对公司做出重大变革。她设定了两个主要目标，第一是由报纸向多元媒体转变，第二是在波多黎各以外寻找机会。明确了这些目标后，她将公司的副总裁、总经理和报纸总编召集起来，共同商讨为达到这些目标所需要执行的工作重点。所有成员在过去的几年中都多次阅读过公司的财务报表，因此很快就熟悉了公司的财务现状，这是工作重点制定过程中的关键。

"我向他们解释了公司的新定位，将其放在外部世界由于互联网而发生变化的大背景中。我问他们，'我们需要怎么做才能达到这些目标，'"她说，"我告诉他们要有创造力，要开阔视野并关注于能找到的成长机会，清除阻碍。这个过程很有趣。每个人都参与到讨论中，会议室里充满活跃的气氛。"

团队随后分成小组各自进行讨论。当他们重新集合起来之后，每个小组都要向大家展示他们的想法。意外的是，不同小组有时会得出相同的结论，例如，利用公司的办报经验在美国一个波多黎各裔人口众多的城市发行报纸。同时也出现了一些相当大胆的想法，例如，联合其他拉丁美洲的报社收购现有的美国报纸或其连锁企业。一个小组甚至建议公司增加一个完全不同的业务来抵消变化的报业环境给公司带来的影响。

每个人都发表完意见后，一共出现了 20 多个工作重点。然后大家讨论哪些是最重要的，以及障碍是什么。讨论变得更加具体，深入发掘了每个想法的每个细节，让它们变得更清楚。

"然后我们开始排除选项，找出三四项最重要的工作重点，作为我们首先要关注和实施的事项，"费雷·兰热尔说，"我们也会保留其他的想法，但我们很清楚要完成最重要的部分，做好那三四件事就差不多了。我们不可能一蹴而就。"

在会议的结尾，几项工作重点被明确下来。除了两家报纸之外，这家公司还拥有一家名为 Virtual 的小公司，独立于报纸的日常运作之外运营报纸的网络版。第一项工作重点是发展这项业务，以便实现两个目的：第一，将传统的只对报纸内容进行加工的编辑部转化为多媒体编辑部；第二，发展一个独立于报纸而又与其平行的网络运营体制。

重组新闻编辑部可不是一件简单的事情，需要全面的重新设计，融入更新的技术，包括提供音频和视频的设备。同时，互联网运作需要额外的人手来负责提供报纸以外的内容，这些内容主要是针对移动设备，例如手机或掌上电脑。

第二项工作重点是改变公司的运营方式。在变革之前，公司的管理层等级分明，倾向于各自为政。这确实是报业的共性，总是忙着当天任务当天完成，很少有时间仔细思考未来。"我们意识到要想达到这两个目标必须要改变我们自己，创造一个思考未来的空间，"费雷·兰热尔说，"我们很擅长在最高层产生创新的理念，但我们意识到还要将它向组织的更深层推进，让每个团队都具有创新意识。"

这些变化仍在初级阶段，但费雷·兰热尔已经从中吸取了一些教训。核心的一条就是需要大量的时间和精力让所有人齐心协力，这样才能让这些工作重点顺利执行。"这个过程中非常重要的一个部分就是要使每个步骤都非常具体明确，"她说，"我们发现许多事情需要反复强调。我们必须要建立起沟通渠道，以保证这些工作重点在实施过程中不会被歪曲。开始时，人们由于立场不同对一件事会产生不同的见解。我们必须不断地重复，直到他们完全理解自己要做的事情。"

由于公司的运营风格从等级制转变为合作制，高级经理们必须直接面对来自各个等级的质疑，引导他们思考更长远的未来，而不是第二天报纸上的新闻。"首先我们要说服他们敞开心扉，向他们表明我们正在倾听。过去常常会出现这样的情况，一个人说'我很担心一件事'后，他的领导会说'我们等会儿再说这件事'，现在我们知道应该停下来问他'为什么你会担心'，然后共同解决。"

减少工作重点的数量也是很重要的，这样可以消除疑虑，让人们重新回到对未来的关注上。"我们必须改变整个组织的思维方式，但同时又不能造成过多的担心或是使注意力分散，"费雷·兰热尔说，"这就是为什么明确、具体、有明显时间表的工作重点如此有用的原因。这会帮助大家建立信心。"

费雷·兰热尔意识到，在变化的过程中她最重要的工作就是寻找恰当的人做恰当的事。"我们需要一个不一样的思维结构，"她说，"如果每个人的想法都是一样的，新的观念、新的疑问就不会产生，这些疑问也不会得到解决。"

她知道，自己最想要的人才应该既能独立思考又有很强的团队合作能力。这要求她到其他行业，例如电信、金融业寻找到这样的人才——不一定必须要有新闻业背景，但要具有对业务定位、设定目标及工作重点等问题的分析重组的能力。

她还物色了一些年轻人。"他们或许没有工作经验，但他们的知识结构以及看待问题的角度是非常新颖的，一个 22 岁的人和一个 35 岁的人眼中的世界是不一样的。"

他们会对候选人进行一系列严格的面试，充分了解这个人在团队的环境下工作的意愿。虽然仍是在这个过程的初期，但这种选拔方式已经起作用了。

"这个过程才刚刚开始，"她说，"一些人会很快地适应，另一些人则不能。对那些可以适应的人来说，这会是他们职业生涯中的一个重要的经验积累阶段。"

工作重点必须有相应的资源配置

每个人都可以说出一项工作重点，但只有进行了资源配置之后，这个工作重点才算真正落实了。人和资金这些资源的流动是判断公司在短期和长期的发展方向的重要指标，不掌控资源流动的领导者就没有真正的权力。

在转变工作重点时，我们必须同时向新的负责部门转移责任和资源。这些都需要将现有资源进行重组和重新分配，一些人的权力也要转移。在现实中，人们在宣布工作重点后发现，在心理上很难将资源从一个人那里收回，再分配给另一个人，因为他们不喜欢有矛盾，尽量避免这种情况的发生。打造领导团队我们必须建立一个机制来保证这样的转移能够顺利实施。仅仅宣布工作重点是不够的，我们还要确保预算到位，因此，要通过定期的总结会监督这些工作的进度和重点工作的执行。

　　人事调整是特别困难的事情。威讯联合半导体公司无线产品的副总裁埃里克·克里维斯顿当时就负责这项工作。克里维斯顿当时需要做的就是建立一个核心元件之外的产品平台。而这个任务不应该影响到现有产品的研发，所有这些都发生在一个快速革新和高度竞争的产业中。由于资金有限，无法聘请新的工程师，所以他决定让现有的工程师兼顾原有的产品线和新平台。这个决定做出后，每个团队成员都理解其在战略上的重要性，但负责主要元件业务的领导者发现这一目标很难实现。他每天都会接到很多来自现有客户的电话，要求提供更多的元件或其他型号的元件。为了满足他们的需求，处理这些问题已经占用了工程师的所有时间，而时间正是高科技行业非常重要的一种资源。这些工程师本应花时间和其他部门合作建立新的产能以解决技术重复的问题，但日子一天天过去，始终没有实现。

　　有些组织往往不会察觉和提出这样的问题，但克里维斯顿建立了一个简短的周一早会，让所有下属找出这样的问题，及时做出调整，在调动人员和其他资源的同时预测接下来的一周可能会遇到的问题，从而保证工作重点的贯彻。克里维斯顿说："通过让每个人理解其他成员的问题、目标和工作重点，我们就可以实现业务的同步进行。"

资源配置模型

　　对于那些在剧烈变化的市场和激烈竞争中挣扎的公司来说，

以正确的工作重点推动资源分配是非常关键的。合理的资源配置对任何一家拥有多个产品线的公司来说都是很重要的，即使当前的业绩表现非常好，这一问题也同样重要。汤姆逊集团拥有4个主要的业务部门和60多个主要细分业务。目前，它正通过将资源从一些部门中提取出来投入到优先发展的项目中，并通过关注业务细分的增长和业务回报来积极地将业务推动到更高的阶段。这个过程具有很大的挑战性，但汤姆逊通过独特和熟练的分析模型使其变得简单易行。这个模型的实施是从收集每个细分业务准确的历史财务信息开始的，包括资本支出、收入增长、自由现金流（free cash flow，FCF）利润等。将有机收入增长作为增长指标，自由现金流利润作为回报指标。汤姆逊的内部研究发现，自由现金流利润指标能够兼顾盈利能力和资本密集度的特性，常常被用在投资资本改进之中。每个细分业务都可以分别放在图8-1四个象限的任一象限里，纵轴表示有机收入增长，横轴表示自由现金流利润。

　　显而易见，落入高收入、高自由现金流利润象限的细分业务是公司最需要的，而落入低收入、低自由现金流利润象限的细分业务是最不需要的。但分析并不是到此为止了。每个象限中都能反映出汤姆逊在每个细分业务中的资本支出情况，不仅是上一年的情况，还有以往数年的支出情况。这些资本支出将进一步被分为3类——维护、增长和效率，并且细化到了具体某个项目的层面。最后，从这个图表中可以衡量出在某个细分业务上的资本支出和别的细分业务对比的情况。

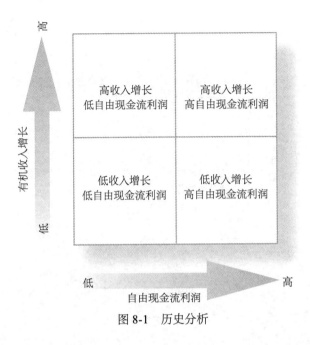

图 8-1　历史分析

　　这项工作每年都要进行。在每个季度，汤姆逊集团都会重复这个过程，以对这个细分业务的计划执行情况进行评估。

　　前景分析的方法与前面相似（见图 8-2），但是细分业务所在的纵轴表示市场吸引力（市场平均增长率），横轴表示投资吸引力，即有机收入增长和自由现金流利润的综合表现。处在高市场增长和高投资吸引力象限中的细分业务，在高吸引力的市场中经营，并且有着高于平均水平的收入增长率和自由现金流利润。相反，处在低市场增长和低投资吸引力象限中的细分业务，在低吸引力的市场中经营，并且有着低于平均水平的收入增长率和自由现金流利润。这种分析的定期进行为资源的分配和回收提供了依据。

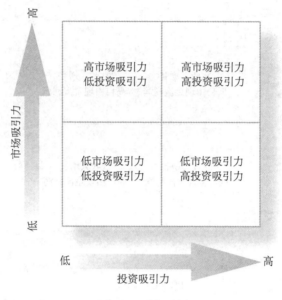

图 8-2　前景分析

　　这是一种系统性的分析方法，确保资源的分配能实现增长和回报最大化。另外，汤姆逊还通过对处于左下方象限的细分业务进行评估，来检验其是否适合公司的整体战略，如果不适合的话就要取消该业务。

"三日会议"和资源配置流程

　　据我所知，在选择工作重点和资源配置方面做得很好的一个公司是德州仪器公司（Texas Instruments）的数字光处理（DLP）部门。在预算制定方面，该部门将以前要花 6 ~ 8 个星期反复协商的耗时过程，精简为一个高效的"三日会议"。这是一个在工作重点基础上进行资源分配的持续而有效的流程。

大多数公司的年度预算制定流程都是自上而下进行的。这个过程从为各个部门设定目标开始，通常为收入、利润、现金产生和资本支出方面的最低增长目标。然后，各个部门研究下达的预算是否能够完成自己的目标。他们的分析报告会提交给高层，然后做出调整，再返回到各部门。这样自上而下，又自下而上的反复过程还要在各个部门内部进行。这个过程最少要花 6 个星期，最多可能要 20 个星期，这要占用高管们大量宝贵的时间和精力。

数字光处理是一个快速发展的产业，这个部门生产的产品基于半导体显示技术，DLP 显示芯片被嵌入电视、投影机和数码相机，接受电子信号后将其转化为图像。这个部门有三个下属单位，都面临着来自几个日本和韩国公司的激烈竞争。显示技术的发展非常迅速，要想成功，必须高薪聘请专门技术领域中的顶尖专家。新产品的研发是按项目制进行的。这个部门的预算编制也和上面提到过的一样使用传统的上下反复的过程。

2000 年，约翰·范仕高（John Van Scoter）担任这个部门的负责人。为了保持竞争力，他不得不重新思考资源配置的流程，以及在接下来的几年中实施业务重点的人员组合流程。于是，他决定将这个为期 6 周的预算编制和资源配置过程压缩为 3 天。这样做的目的不仅仅是为了节省时间，更要将它打造成一个让 70 名领导者进行团队协作的平台，让他们同步观察全局中的细节问题，讨论备选方案，提出自己的理由，然后大家一起做出调整。关键是大家的全身心投入，每个人都在对内外部环境有充分的了解后，参与到资源配置和目标的论证中。这个过程拓展了参与者的认知视野，是不同部门之间进行合作的催化剂。

在这个过程开始时，由范仕高和三个事业部经理就各部门的具体目标和未来一年的工作重点做报告。接下来，由大家就选择这些目标和工作重点的原因展开自由讨论，这样的讨论能够破除各部门的本位思想。这个过程需要领导者付出极大的耐心和勇气，应对团队成员的疑问，他们中的大多数都是技术专家。

接下来，所有的参与者会在一起讨论和解决复杂的销售预测问题。他们齐心协力，为每个部门的工作重点和相应的资源配置工作奠定基础。

所有与会者要从研究一系列预测指标及组成这些指标的报表、数据库开始，其中包括收入、货物成本、研发、市场营销。之后他们就开始数轮讨论，直到领导者从这些部门的工作重点和目标当中找到在资源配置上互相协调的方案。每一轮讨论都在高度紧张的情况下进行几个小时。

这个过程的成果就是使大家对以后的工作有了一个非常清晰的前瞻，每个人都知道做出了什么决策以及为什么这样决策，得出这些决策背后的原因是什么。了解这些原因之后他们就可以在外界条件发生变化时做出调整。在这个过程中，他们发现了很多按以前的方法编制预算时从来没有发现的事情。在关于工作重点及项目的讨论中，他们发现有些已经没有必要再列为重点了。范仕高不需要告诉他们其中的原因，因为大家都可以自己看到这些现实。他们还发现，一个部门做的事情常常会对另一个部门很有帮助，完全可以利用更少的资源合作完成这些事情。例如，一个产品团队发现，对一个新产品的开发流程稍作修正，就可以用作另一种产品的开发，为另一产品的开发团队节省了大量的时间和精力。不同的职能部门，例如，工程部和销售部，也可以增进彼此的了解。

预算编制在三天内完成，之后在每个季度两天的业务回顾会议中进行总结，同时做出调整。预算成为了一个工具，当外界环境发生变化时，能及时对工作重点和资源配置进行调整。这个过程要求领导者重视不同部门之间的信息透明，一方面善于说服他人，另一方面又要运用权威进行果断决策。

领导者的判断力和优势

在选择和实施工作重点当中，最大的心理挑战来自资源配置。不管是在集团大会、预算例会，还是在资本审查过程中，我们必须要有足够的勇气和判断力来做出反映公司工作重点的资源配置决定，然后不断跟进，确保这些决策完全得到贯彻。我们必须要做一定的事实分析来评估机会和风险，但我们还要像约翰（一位真实的首席执行官的化名）那样发挥调用自身的优势和判断力。

"你知道我一向是支持你的，约翰，但我认为你在这个问题上是错误的。"某个部门负责人阿特在一个自下而上和自上而下的例行预算制定会议中说，"我的部门为公司贡献了 65% 的利润，我们的品牌需要广告支持。如果你认为我们是在为市场份额而斤斤计较的话，就只管等着看吧，不用 6 个月消费者就会忘掉我们，我们的产品就再也回不到货架上了。"

约翰认真听取了阿特的话。毕竟，阿特是本公司一位经验老到、受人尊敬、资历深厚的领导者，阿特的部门为公司带来最多的收入也是事实。但问题是这个部门并没有给公司带来最需要的东西——盈利性增长。所有的部门都在疲软的市场和波动的汇率中受到了损害，而阿特的部门受到的竞争压力尤为严重，造成产品价格不断下滑，收入在可预见的未来将会走下坡路。

但卡拉的部门却在增长，约翰仔细看过卡拉的业务计划，相信她对部门做出了正确的定位，能够让部门以高于市场的速度发展，但她需要足够的资源来保持现在的增长速度。

接下来是皮特。他已经见了约翰两次，努力对他说明继续 SAP（一个领先的 ERP 软件）项目实施的重要性。公司已经在这个项目上花了 5000 万美元，皮特现在还需要 1 亿美元才能在未来的 3 年中取得成果。

约翰明白自己做出的决策会对公司的未来，以及这些全身心投入工作的下属带来什么样的影响。但在现在这种情况下，收入下滑，公司股价低迷，可供投资的资本极其有限，他知道这会让下属们很不满，甚至会离开公司。根据这些目标和工作重点，他仔细考虑了自己的一系列决策，例如，资源从哪里来、如何进行配置。他自己已经做好了准备来承受这些决策带来的后果。

鉴于参与新兴的高增长市场是重中之重，他增加了卡拉的预算。他判断阿特的部门正在走下坡路，并在短时期内很难有转机，因此他削减了阿特的预算。为了有更多的现金来投入卡拉的业务，约翰决定终止 SAP 项目，尽管他知道这意味着要让很多人丢掉工作，同时也投入了 5000 万美元的沉没成本。

约翰的决策是现实的，经过了充分论证并绝对没有掺杂个人情感，但阿特却非常愤怒，认为这是对他权力的剥夺，因此已经考虑要离开公司了。实施过程非常艰难，但约翰坚持了自己的判断，将这些资源从原有的地方调配出来。6 个月后，卡拉部门的销售没有达到预期的数字。约翰深入调查造成这种情况的原因，他发现这是由于汇率的不稳定造成的，业务还是在正确的轨道上运行着，增长的前景如同以往一样光明。甚至这些数字偏离轨道时，他的判断仍然告诉他，自己所做的关于工作重点和资源配置的决策是正确的，因此他坚持了下去。

赚钱盈利和经营企业是复杂的，而赚钱在每月、每天、每个小时都在不断地受到评估。在一个透明度很高的世界中，公司也是一个社会组织，不管我们喜不喜欢，总有其他利益团体或股东在外面关注着我们的运营情况。这需要我们有特别的能力来处理和这些利益团体的关系，这对我们的公司和所在的行业来说都非常重要。在第 9 章中我们将学到和它们相处的能力。

目标确定后，工作重点是什么

在第 7 章的结尾处，我们谈到的那位 CEO 首席执行官将他的首要目标明确制定为提高毛利率，聘请更优秀的人才，以及在技术研发和市场营销上加大投入。那么他的工作重点应该是什么？

怎样才能让 20% 的行动对公司面临的 80% 的问题产生影响，并借此建立起领导者在做事时的信心？显然，他必须选择合适的人才组成团队，分配任务和制定标准。但是，完全从商业分析的角度看，他的工作重点应该如下所示：

- 建立一个流程，搞清楚造成毛利率低、库存高和应收账款高的原因何在，然后决定保留、撤销或调整哪些部门；
- 重新评估各个部门的产品线和客户市场群，然后决定对它们投入的增加、减少或是取消；
- 通过出售非重点业务资产来回收现金；
- 对那些可能带来高利润回报的项目做出迅速、果断的决策，投入配置更多不同类型的资源（例如，技术或市场营销力量）；
- 面对可能的收入下滑，要快速组建跨部门团队，及时处理特定细分市场的顾客满意度问题，降低成本，调整组织结构；
- 加速应收账款回收，提高库存周转率；
- 经常向下属强调工作重点，反复讲，形成自觉执行。

制定工作重点是要做正确的事，但要避免什么事都想做。要认识到在这样的情况下，"紧急"的事常常会挤占了真正重要的事。确定正确的工作重点并和下属进行沟通，能够让我们和下属明白什么事不应该做，以及怎样坚持下去。以下是关于确定工作重点的几个要点。

- 工作重点是组织达成目标的路线图。如果没有工作重点，人们盲目地进行各种尝试，在不重要的事情上浪费宝贵的时间和精力。

- 在基层，确定工作重点需要有足够的耐力和意志去探索纷繁复杂的细节，仔细考虑工作重点应该是什么，以及它们会产生哪些第二级或第三级后果。工作重点必须要非常明确、具体，而且一定要有可行性。

- 当我们选择工作重点时，必须考虑以下 4 项标准：哪些事情重要；哪些事情紧急；哪些事情面临长期和短期的矛盾，哪些事情面临现实和理想的矛盾。如果由于我们什么都想要而无法做出选择的话，组织将失去聚焦。

- 太多的重点等于没有重点。

- 选择错误的工作重点常常源于：缺乏足够的信息，回避冲突，或是对于复杂的艰难形势估计不足。

- 在资源配置到位之前，工作重点还算不上真正落实。

- 由于资源的配置会导致矛盾冲突，我们要敢于选择正确的工作重点，并以高超的技巧说服下属，让他们确信自己所执行的工作重点是正确的。

- 在执行工作重点的过程中，需要不断地重复沟通和严格跟进，确保每个人都理解、接受，并不折不扣地执行。

第9章

核心技能之八：建立社会
联盟

领导公司实现盈利是我们的工作，我们要将大部分时间和精力放在对业务的考虑上。公司的定位正确吗？我们的管理团队在齐心协力追求我们设定的目标吗？工作重点正确吗？公司的社会系统健全吗？但我们的工作并不是仅此而已。当前任何一个行业的运营都处在一个错综复杂的社会和政治环境中，对领导者的要求不仅仅是利润那么简单。米尔顿·弗里德曼（Milton Friedman）所说的"商业就是商业"的日子已经一去不复返了。企业领导者必须能够与市场力量打交道已经是一个过时的结论，过去这些年，他们已经学会了这一点。21世纪，企业领导者还需要与市场之外的力量打交道。

特殊利益团体始终伴随着我们。如今，公司股东名单上包括一长串的机构和个人的名字，不仅仅是数量的变化，还代表着他们所关注的问题的范围，以及他们对公司业务和所在行业的核心的影响能力的变化。下面的清单显示了在当今商业社会中可能产生争议，以及对我们业务产生威胁的议题：

- 肥胖症，及其原因与后果
- 干细胞研究
- 在阿拉斯加采油的环境考虑
- 在油价高涨的情况下重启核能发电的可能性
- 用于多种疾病治疗的药品成本上升
- 医疗保险的高成本和低覆盖率
- 非法移民

如果公司在某个问题上处理不当，就可能在特殊团体的干涉下遭受严重的损失。因为这些利益集团知道如何组织和利用媒体力量，知道如何联合不同的利益团体，知道如何筹集资金并影响顾客和政府。通过互联网，他们获取信息的能力空前强大，并且能够以非常低的成本传播他们的观点。就连个人也可以通过博客施加影响。当特殊利益团体认同我们的目标和理念时，他们会对我们有积极作用，但在通常情况下，他们的观点是和我们背道而驰的。当我们竭尽全力推动业务的发展时，他们却在竭尽全力阻碍我们实现目标。他们的想法对一个生意人来说常常是毫无逻辑和道理可言的。而且，不同的利益团体之间也许是会相互冲突的，有时甚至会在相反的方向对我们的公司产生推动力。但是，只是回避他们并不能解决问题。如果他们认准了我们的公司和行业，想躲开他们是不可能的，也不要指望那些一流的律师能帮我们。

在我们生活的时代，"道德义务"要求每个公司承担新的责任，公司的行为不仅要合法，还要合乎道德标准。

因此，我们面对的挑战就是要和变化中的社会期望保持同步，相应地调整自己的业务，同时还要避免"触雷"。很多特殊利益团体都会提出法律问题，对此我们必须要理解并做出回应。要知道来自外界的压力会给社会公益带来很多好处，例如，空气和水污染法规的颁布，降低了污染物的排放，汽车安全性的提高，反歧视法规和工作安全法规的制定。在与特殊利益团体处理这些看起来很边缘的议题时需要特别的技巧。别以为对他们多加关注就可以提高对他们的影响力，但也不要因为他们在看似牵强的议题上缺乏影响力就忽视他们。他们仍旧可以对我们的公司造成破坏，并且局势的变化常常会非常迅速。

与外部团体打交道也许不会创造出股东价值，但如果不做的话则非常可能严重损害股东价值，逃避这些挑战的领导者最后的下场常常是被迫离职。宝洁公司的首席执行官雷富礼在处理这些挑战时曾说："坦白地讲，要承担的责任太大了。"

类似于领导者需要掌握的所有其他能力一样，这项能力也需要积累经验，然而，在担任领导岗位之前，能够获取这样经验的机会却很少。高层领导者们习惯于分析数据，做出决策，然后交由下属执行，他们没有心理准备来承受特殊利益群体带来的压力和处理不明确议题时的挫败感，无法正确地掌控公司与这些利益集团关系的走向。他们把和特殊利益集团打交道看作浪费时间，和公司的正常业务运营并没有多大关系。然而，不管我们多么不喜欢和这些特殊利益集团打交道，也不能将它们看成是我们日常工作的干扰。我们必须克服自己对这些不甚明确的政治和社会议题的反感，而应该像雷富礼说的那样，建设性地参与其中。

正确面对不在掌控之内的外部力量的能力可以帮我们发现新的利益团体，并辨别其中的哪些具有影响力或涉及法律问题。我们必须和它们有所联系，弄清楚它们的真正动机以及这些团体及其领导人的态度。我们必须找到正确的沟通方式，要知道，如果我们及时搭起沟通的桥梁，也许能够改变事情的结果。如果涉及的问题是合乎法律规定的，我们应该有所回应，可以通过联合同行避免再受冲击。同时，我们要做好准备寻求法律解决的途径，还要积极协商沟通，但我们不能在这上面抱太大的希望，因为许多在法庭上的争论都是在与大众意志对抗，情感常常会胜过法律。每一次行动都需要新的分析，就像是一盘不断变化中的象棋，我们必须要能预测对手几步之后的行动，要了解他们的具体信息。如果我们参与的意愿不够强，就很有可能满盘皆输。

端正我们的态度

如果我们不愿意处理外部团体带来的麻烦，也缺乏控制力的话，就永远不可能掌握这项能力。对于那些习惯于在条理清晰、逻辑分明、万事皆在掌控之中的环境下工作的领导者来说，这是一个需要在态度上不断调整的过程。和社会活动家们坐在一起，倾听这些对商业现实知之甚少的人提出的不着边际的要求，这对于许多领导者来说是一个痛苦的经历。多数领导者之所以惹上麻烦，就是因为他们觉得这些人的要求根本不符合商业规律，于是便置若罔闻。如果我们的公司遇到或将会遇到这些来自外部的挑战（很少有公司能够幸免），而我们不喜欢在这样的环境中处理问题，那我们就得问问自己是不是公司真正需要的领导者。

成功的领导者都能保持开放的心态，乐于进行协商，能够理解尽管这些利益团体提出的要求多么不合理，在对方的立场上都是合理的。所以，认真倾听，弄清楚他们追求的目标是什么，这是非常关键的，因为光是倾听就可以缓解一些问题，这可以使我们了解这些团体真正想要的是什么。外部团体的目标常常是理想化的，甚至是令人尊敬的。但他们的领导常常有自己的私人利益，通过观察和倾听，我们就可以了解这些细节。

要弄清楚外部团体的真正目的，我们不仅需要从不同的角度，还要按照完全不同的逻辑和价值体系看待当前的问题。罗伯特·夏皮罗（Robert Shapiro）就是一个在失败中吸取教训的公司领导者。他当时被提升为孟山都公司（Monsanto Corp.）的高层领导，踌躇满志，打算将公司从一个化工产品制造商转型为一个生命科学公司，利用基因工程技术带来"食物、健康和希望"。他的逻辑看起来是无懈可击的：使用高科技特别是基因技术，培育能够抵抗病菌、干旱和虫害的植物，利用更少的能源和杀虫剂实现更高的产量。为此，孟山都公司投入了数百万美元来研发这项技术，花费了数十亿美元并购为实现夏皮罗计划所必需的种子公司和经销商。华尔街也在为孟山都公司的开拓壮举喝彩。即使当公司削减股利来弥补其大规模的支出时，公司的股价仍在上升。

孟山都公司基因工程产品的诞生对许多美国大型农业公司都是一个打击。虽然采购大豆、玉米、棉花和其他种子都比非转基因产品要贵得多，但还是实现了孟山都的收入承诺。在美国，转基因农作物的种植从 1997 年的 1800 万英亩⊖上升到 1998 年的 5800 万英亩。在这一年年底，孟山都可以预见到在未来的几年，通过新产品的引进，公司每年将会创造 100 亿美元的收入。

这时麻烦来了。一位加拿大的农场主报告说，一种抗虫害的转基因蓖麻种子受到了临近杂草的异花授粉，产生了一种现有杀虫剂根本无法控制的"超级杂草"。一家竞争对手种子公司将一种巴西坚果的基因植入大豆中，使其更有营养，更适合作为动物饲料。但是，大豆同时也是人类获取蛋白质的重要来源之一，而有些人对巴西坚果有致命的过敏反应。这项产品没有进入市场，但转基因大豆可能会对过敏人群致命的新闻报道却引起了大众广泛的关注，然后是终结基因的问题。孟山都公司曾并购了一家种子公司，这家公司拥有一项专利技术——将一种基因注入农作物中，使新种子在丰收时失去繁殖能力。这主要是为了防止农民将收割农作物的一部分保存下来当作下一年的种子，这种方法保护了种子公司转基因技术的所有权，农民只能每年购买新种子。

当孟山都公司在欧洲出售这种转基因种子时，所有问题一起涌现出来。近 10 年中，欧洲人已经在食品安全上出了很多问题，包括英国的疯牛病等。尽管欧盟的法规允许孟山都出售其转基因

⊖　1 英亩 =4046.86 平方米。

产品，但消费者的反应却异常激烈。环保团体和媒体发起针对孟山都的控诉，说他们的产品是"自我毁灭的食品"。查尔斯王子指出："我认为这些转基因技术是要将人类带入本来只属于上帝的领域中。"雀巢公司和美国联合利华公司在德国的分公司都声明不会使用孟山都公司的转基因大豆。调查显示，绝大多数欧洲人都坚决反对这种替代食品。为了反驳这些批评，孟山都公司花费了500万美元来做广告，告诉欧洲人这是一项新的生物技术，公司已经在这个项目上研究了20年时间等，但事与愿违，这反而激起了大众的反对声浪。

但夏皮罗并没有被这些吓倒，"这是农业发展历史上包括铁犁在内的最伟大的发明之一。"他宣布道。他接受这些反对意见，但他坚持说："科学的证据会最终被消费者接受。"

但科学却不能解决实际问题，大众意志才是最关键的。一位孟山都公司请来处理大众批评的顾问说，孟山都根本就是没有搞清楚状况。"公司没有认真听取人们的意见。"他在公司中说。在美国，越来越多的小农场主被孟山都公司对他们使用转基因种子收取费用并加以限制的行为激怒。美国农业部长丹·格立克曼（Dan Glickman）开门见山地警告夏皮罗，让他闭嘴，因为"每次他一开口，美国就会损失几百万蒲式耳（计量单位，相当于35.2公升）的农业出口"。1999年，孟山都在股市整体上涨30%的情况下，股价仍下跌了35%。

事件在当年的10月有了一个结果，夏皮罗通过视频在绿色和平组织年会上惊人亮相，该组织正是孟山都公司在这场转基因食品斗争中的主要对手。他在发言中承认，公司低估了公众对转基因食品的谨慎程度："我们在这项技术上的信心和热情相信大家都看到了，但由于误会，这种信心被当成是一种轻视，甚至是傲慢的态度。我们认为说服大家是我们的责任，太多的时候我们忽视了倾听大家的意见。"

此后不久，孟山都同意和制药商法玛西亚（Pharmacias & Upjohn）进行兼并，并购条款就表明法玛西亚想要拥有孟山都公司的塞尔（Searle）分部，并有效地帮助夏皮罗以低廉的成本，为日益增长的人口提供高产的农作物。

对于夏皮罗和他的团队来说，公众对转基因食品的反对是不理性的，因为公司的原意是要给公众带来利益。但是，对欧洲那些消费者来说，他们对转基因食品加工技术可能影响自己的健康深感忧虑。他们担心再次出现类似疯牛病的疯种病。孟山都在推广自己产品时的积极努力却给市场带来了更大的恐慌，有人会说这是因为双方没有达成相互谅解，但在商家和大众意志的战斗中，大众意志总会胜出。我们必须学会从他们的角度审视自己公司的业务。

生活中的新形势

在与利益团体和股东打交道之前，我们必须首先理解他们的理由，并分析他们的实力。他们能巧妙利用媒体，有效地影响大众的观念，然后反过来影响政府以及相关法案的制定，甚至是法庭的审判。我们必须时刻保持警惕，定期思考这些社会活动家都是何方神圣，他们的动机是什么，他们可能会使用什么工具，以及他们真正的影响力在哪里。

外部势力的影响没有禁区可言

公司的每一个方面，包括业务模式的前提，对所有外部团体来说都是可以干涉的。资源开发公司和环保主义者针对伐木、采矿和钻井方面的长期斗争，到目前为止都是我们非常熟悉的战场。环保主义者在获取大众支持方面是很有效率的，尽管他们的一些极端行为，例如，破坏财产或暴力威胁等降低了他们的政治有效性。另外，外部团体也不会受到国界的限制。沃尔玛公司总是在和社会活动分子周旋，因为他们试图阻止沃尔玛建立新的店铺。一旦这些积极分子得到机会，就会和其他团体联合行动，例如，几个组织会联合起来抗议沃尔玛的劳工政策。

所有的事情都是透明的

不管喜欢与否，"透明度"是现在每个公司运作中的一个基本准则。由报纸、杂志、广播、电视构成的媒体存在时间还不是很长。在大部分时间里，国家级报纸和杂志才是最具有影响力的，因为只有他们才有足够的财力雇用那些有才能的记者来进行大范围的报道。另外，媒体常常对所报道的主题十分挑剔，例如，好莱坞制片公司得到了很多剧本，但有关于钢铁行业的故事却非常稀少。然而当互联网快速发展起来后，几乎每个人都可以通过博客成为媒体专家。其实，大多数的博客都没有什么读者，而那些能吸引读者的博客都和公司或某行业有直接的联系或合作。这些报道也许没有国家级报纸和杂志那样深入、准确和公正，但它带来的冲击肯定是非常猛烈的，特别是当撰写博客的人在某个公司中工作或与其有相关利益的时候。这些公司也许可以控制他们自己的电子邮件网络，但是如果某些有怨言的员工想要将公司中的谣言、谈话内容，甚至是机密文件传播出去的话也是很容易的，只要通过他们在家里的电子邮箱就可以了。

一些外部团体非常擅长于借助媒体达成他们的目标，他们对媒体力量的利用非常有效。例如，有一次，媒体以连载的方式爆出一系列文章，指出一个铁路公司在高速铁路十字路口的信号灯因缺乏维护，而导致数起重大死亡事故。这些信息中的大部分都是由一名记者从一位处理被害人家属案件的律师那里得到的。最终，这位记者获得了普利策新闻奖，而那些律师得到了几百万美元的佣金，铁路公司在大众的压力下被迫投入巨资纠正其在维护工作上的漏洞，但由此带来的名誉损失已难以衡量。

法律总是滞后的

法律和法庭总是社会发展中一个滞后的指标，只照着法律条文寻找什么合法、什么不合法的领导者会将公司带入风险之中。事实证明，法律审判远不如充分理解在复杂环境下处理问题的技巧来得更有作用，也不如公正地思考可能带来的后果能够得到更好的效果。许多国外法庭通常都会屈从于大众的压力和期望，也不会严格按照法律程序来做出决策。

激起公众风潮的一般都是在公司领导者的角度上无法看到的小事。只有当这些小事渐成气候，并被媒体广泛报道成为热门话题时，其力量才会显现出来。到这时领导者想要干预已为时太晚，只能够摆出防御的姿态。蕾切尔·卡逊（Rachel Carson）在1962年出版的《寂静的春天》（*Silent Spring*）一书中对广泛使用的杀虫剂提出控诉，引发了一场环保运动。拉尔夫·奈德（Ralph Nader）在1965年出版的《任何速度都不安全》（*Unsafe at Any Speed*）引发了大众对安全汽车的需求。现在看起来，要和环保主义、安全带、安全气囊配置要求对抗是非常困难的，但在当时，受到指责的公司却反过来诬蔑这两位作家，并且在强制它们这么做的新法规颁布之前拒绝做出任何改变。

类似的事情在现今社会也时有发生，全球气候变暖问题就是其中之一。还有一个不易觉察的问题——至少从某种程度上是如此——那就是肥胖问题。很多人听到这个新闻都会置之一笑，说的是两个年轻人将麦当劳告上法庭，声称每天两餐都吃麦当劳是导致他们身材肥胖的根本原因。法官驳回了他们的诉讼请求。但考虑到疾病控制和预防中心的警告——肥胖是美国最大的健康问题，这个案件也许可以起到警示的作用。目前，美国已经有相关法规要求超过20家分店的餐饮连锁店必须在菜单上标明食品营养信息。这一要求对餐厅来说是个很大的负担。由于美国有大约30%的青少年都体重超标，因此，不断有社会团体要求将软饮料自动售货机搬出学校，并禁止学校餐厅出售薯条。很多提供高热量或高含糖量食品的餐厅和食品公司并没有对这些诉讼及立法采取对策，这完全是一种鸵鸟政策。

社会组织已经越来越擅长于通过一边促进新立法、一边利用现有法律这种双管齐下的方法达到目标。通过与一些活跃的（并且盈利的）法律组织联合进行集体诉讼，这些团体可以使一个公司甚至是一个产业遭到前所未有的打击。例如，现在已经有超过100家公司卷入了石棉诉讼案中。佳斯迈威公司（Johns Manville）在很早之前就因为石棉诉讼案而破产，通过别的公司提供债务担保才存活下来，最终被沃伦·巴菲特（Warren Buffett）收购，现在是一家私募公司。其他卷入石棉诉讼案中的公司还有福特、通用汽车等。许多公司不得不宣告破产，包括美国辉门公司（Federal Mogul）、阿姆斯特朗世界工业公司（Armstrong World Industries）以及欧文斯－科宁公司（Owens Corning）。为了保护自己的资产，它们试图在法庭上击败对自己的攻击，但最后却失败了。

很多公司都聘请了经验丰富、能够在法庭上为公司抵御这些攻击的法律人才。但是从一些公司丑闻中，如著名的安然（Enron）、世通（WorldCom）等，我们可以看到大众意志逐渐站到了这些大公司的对立面。有一种理念开始深入人心，那就是公司应该遵守的不仅仅是法律条款，还应该有他们自己的灵魂。

政府可以是我们的同盟者

这样的外部压力不仅仅来自公益组织。对每个公司来说，最大的也是最显而易见的两个外部势力是：政府和华尔街。不同等级的政府——联邦、州、区域、立法院等通过上千种方法影响着公司和他们的领导者，例如，可以设定最低工资标准，还可以通过审批用地来保护行业免受外来的竞争。

无论从范围上还是从重要程度上来说，政府对商业的干预都非常深入，很少有领导者在担任 CEO 之前就获得了与政府打交道的经历。只有他们在成为公司高管之后，才突然进入错综复杂、扑朔迷离与立法机构和官僚阶层的关系中。过去，公司游说者和政府的公共关系人员每天在一起工作，收集各方意见，保证法规的正确执行。在一些法律限制很多的行业尤其如此，例如，公共服务行业和制药业是最明显的例子，它们都安排专家来处理定价和药品审查的流程。要在这些行业中晋升为领导者，都要或多或少地拥有一些与政府处理关系的经验。然而，当前和各级别政府处理关系的复杂性都在增加。领导者们需要特别的能力来处理这些不断变化中的复杂状况，特别是对那些从前没有太多政府干预的行业中的领导者来说更是如此。高管们也越来越多地意识到，政府的参与并不总是不受欢迎的负担。越来越多的公司正在寻求国会和政府的帮助来减轻它们的财务负担，包括养老金和医疗保险成本。

华尔街的影响力今非昔比

华尔街是一个与政府的影响力不相上下、最有权势的外部团体，需要耗费大量的精力来应对。多年来，与负责自己公司的证券分析师搞好关系是大多数公司领导者最重视的工作重点之一。他们同分析师的关系可以是友好的，也可以是不友好的，但双方都非常了解对方，他们的关系非常持久。然而，这样的时光早已一去不复返了。从某个时候开始，华尔街崛起了一股更强大的势力，这就是对冲基金。他们拥有巨额的资金，使用包括数学模型在内的一系列复杂的工具，四处寻找投机机会。那些保守的管理基金相对于对冲基金来说根本不堪一击，因为这些对冲基金能够更迅速地收购股权或迫使公司战略做出改变，例如，兼并、资产出售、资本重组等，这些都会迅速提高公司的股价。最近的一个例子是奈特·里德公司在一个对冲基金的压力下被一家小公司兼并，公司首席执行官和其他高管虽然不情愿但还是无能为力。

区分合理的诉求

在现有外部团体的现实情况下，我们必须要在事态恶化之前就知道怎样确定这些事情，然后采取措施，防患于未然。这需要有一个内部机制让这些尚在萌芽状态的情况尽快被决策层看到。在很多公司里，法律顾问、公共关系、投资者关系、人力资源关系等部门往往能够提前感受到即将发生的问题。他们具有分析这些问题的技巧，知道事件背后的主谋是谁，以及缓解这些危机的方法。为了防患于未然，我们应该将这些部门整合成一个有机的团队，在事件发展的初期阶段提出警告，使公司能够采取行动，而不是到最后疲于应付。但有些团队成员仍有可能因为情绪化或其他原因，不愿将坏消息传递给高层，因此，明智的做法是在公司的外部建立起我们了解事态发展的渠道。在最基层直接和外界进行沟通的员工同样可以给我们提供这方面的帮助。

如今，公司的负面新闻非常容易在互联网或其他媒体中传播。管理类畅销书中对公司业务影响的描述同样可以帮助我们评估在长期可能会受到的风险。《快餐之国》(Fast Food Nation)对日益显现的肥胖问题产生了怎样的影响还不能清晰界定，但它的畅销至少表明了大众对这一问题有了更多的关注。

每个月花几个小时和那些虽然没有我们的商业智慧，但和我们有完全不同观点的人沟通，是很有好处的，不但可以使我们从中学到很多东西，还可以让我们从这些交流中获取一些可能发生危机的信息。在通用电气公司，各地的经理们都非常积极地参与到当地的社区活动中，这在很大程度上改善了他们的关系。要做到这一点就要求领导者能够通过创新的方法将不同利益的各方召集起来进行对话，例如，可以寻找第三方作为对话的中介，听取各方的意见。耶鲁大学的科学院就帮助快餐公司和社会抗议者安排了关于肥胖问题的对话。当遇到的问题涉及我们所在的整个产业时，明智的做法就是联合产业内其他领导者一起参与到对话中来。

在确定了面对的问题和团体后，我们必须要对他们加以区别，确定轻重缓急。即使是很小的事也可以对品牌形象和员工士气造成负面影响，而且这些问题常常只有诉诸法律才能解决。不管我们怎样决策都不能百分之百保证避免法律争端，因为一项和我们利益相悖的决议可能是符合社会利益的。

目前，全球气候变暖问题就是被越来越多的科学家和环保主义者大声疾呼的议题之一，他们抗议大量工业气体排放，声称这是导致全球气候迅速变暖的主要因素。很多公司领导者支持布什政府不签订《京都议定书》的做法，但还是有一些美国行业内的领头公司意识到了这将带来的危害，希望寻找一个解决方案。他们在限制温室气体排放方面表现得很积极。通用电气就是其中之一，它已经在环保产品上投入了很大的精力，例如，更高效的柴油机车、更清洁的喷气式飞机发动机和发电站。通用电气的首席执行官杰夫·伊梅尔特坦承，这些措施也是为了卖出更多的产品和服务，而这并没有改变公司的初衷，那就是为客户减少在未来一定会越来越沉重的债务。

在处理外界压力时，灵活性是最重要的。1994 年，当英特尔公司的最新奔腾芯片出现了一个小问题时，总裁安迪·格鲁夫说这个问题只会影响到那些进行复杂数学运算的用户，即便如此，影响的概率也很低，在这个问题发作之前其他硬件很可能已先出现问题了。

尽管接到这些来自"内含英特尔处理器"用户的补救要求，格鲁夫还是坚持己见，拒绝更换芯片。在反英特尔的言论逐渐升级后，他终于动摇了，表示要与这些用户会面，确定他们确实是用于复杂数学运算后，同意给他们更换芯片。愤怒的用户们终于胜利了，英特尔花费了 4.5 亿美元来更换问题芯片。在金钱上付出的代价确实很大，但这比不上他们在声誉上遭到的损失。格鲁夫自己也承认，他没有充分意识到英特尔产品多年努力在计算机芯片市场上建立的声誉会遭到如此大的损害。

拿出勇气面对外部力量

有一个新的趋势正在显现，那就是两个希望解决某个企业或者行业社会问题的特殊利益团体的立场截然相反。在这种情况下，企业领导者处于矛盾的中心，很难找到一个让各方满意的解决方案。

2005 年，福特汽车公司正是遭遇了这样的两难困境，当时，他们正试图从两个主要的外部团体的围攻中安全突围，它们分别是同性恋团体和宗教团体。福特公司所处的困境也正是我们的社会所面临的文化危机的一个缩影。

2002 年，福特公司以往常惯用的方式进行广告发布，即先对产品的特性进行包装，制作广告，然后投放到目标客户集中的媒体上。公司对 7 个产品的品牌价值进行了全面的分析，这些品牌分别是福特（Ford）、林肯（Lincoln）、水星（Mercury）、沃尔沃（Volvo）、捷豹（Jaguar）、路虎（Land Rover）和马自达（Mazda），看其中的哪些更能迎合具有同性恋倾向的媒体。福特不是第一个瞄准同性恋市场群体的汽车厂商。美国斯巴鲁（Subaru）公司在 1995 年就推出了第一个以同性恋人群为目标群体的广告，因为此前的一项调查显示，斯巴鲁用户中有相当一部分是同性恋人群。沃尔沃这家瑞典汽车厂商早在被福特收购之前就在欧洲对同性恋人群进行广告发布。但是，早在正式发布同性恋导向的广告之前，福特公司就获得了同性恋群体的喝彩，因为他们为同性恋员工提供了比较好的福利政策。

在完成了该项研究后不久，福特就开始将路虎、捷豹以及沃尔沃的广告在美国以同性恋为导向的媒体上推出。另外，福特还对同性恋组织和集会进行了企业赞助，在广告中也经常表现出这一点。在路虎和捷豹的广告中，福特公司许诺卖给这个组织成员的每一辆车，都会为这些同性恋组织捐出1000美元，为反对社会歧视做出努力。同性恋团体对福特的一系列举措给予了很高的评价，希望这能够鼓励其他大公司也推出支持同性恋人群的广告。

但是这些广告在成功赢得了同性恋人群的市场份额的同时，也招致了反同性恋组织的反对。2005年5月，美国家庭协会——一家位于密西西比州图珀洛（Tupelo）的基督教组织，呼吁其会员和所有基督徒抵制福特的产品，表示"这家公司不遗余力地推动同性恋的生活方式"。他们还开办了一个网站，批评福特捐钱给同性恋组织，强制公司经理去参加促进推广同性恋家庭的各种奇特培训。这个组织的一名领导者称，福特公司"重新定义了包括同性恋现象在内的家庭婚姻体系"。这个组织呼吁其成员通过电话、电子邮件和个人方式等抵制所在地的福特公司，向他们施加压力，促使他们不再在同性恋倾向的公共媒体上发布广告以及停止支持同性恋团体。

在美国家庭协会发起抵制运动后不久，福特公司以及他们的一些经销商同意会见这些团体的代表。作为对福特同意会见的回报，美国家庭协会临时停止抵制到2005年12月1日。在11月30

日与福特公司的管理层在图珀洛总部会谈之后，美国家庭协会最终宣布取消抵制活动。

"他们已经了解了我们的关切，他们正在对我们的关切做出反应，"美国家庭协会主席牧师唐纳德·维尔德蒙（Reverend Donald Wildmon）说，"我们很高兴能坚持自己的一贯主张。"

几天之后，福特宣布会停止捷豹和路虎汽车在同性恋倾向媒体上的广告，但公司又说沃尔沃的广告还是会继续下去。福特的发言人称停止广告的决定完全是出于商业考量，和美国家庭协会的抵制与停止抵制没有关系。

麻烦很快就来了，同性恋组织在网上迅速传播，通过博客或其他的手段批评福特的投降行为，大量谴责的电子邮件纷至沓来。一份有关福特和美国家庭协会之间的"正式协定"的流言广为流传。一些同性恋组织威胁说要自己发起抵制福特产品的活动，除非福特公司满足他们的要求。12月12日，将近20个同性恋团体的代表与福特的管理层在华盛顿会谈，福特的领导者再次声明他们停止广告的行动与美国家庭协会的抵制活动无关。会后，福特公司主席小威廉·福特（William C. Ford Jr.）发布了一份声明，称公司尊重所有人的价值，无论他们是什么种族、宗教、性取向或其他差别。同时，参加会议的同性恋团体的代表也表示："我们非常一致地对福特公司向右翼极端势力屈服的做法表示失望。"

没有预料到的是，福特公司还受到了来自支持同性恋权利的股东的压力。持有福特公司940万股股票的纽约州审计师兼纽约州退休组织理事艾伦·海韦希（Alan Hevesi）在美国家庭协会宣布胜利后，向小威廉·福特表达了自己的不满。在给福特的一封信中，长期支持同性恋权利的赫威斯这样写道："我想知道我们到底做了什么样的损益分析，让我们得出抛弃那一部分顾客会使公司受益的结论。"此外，他还指出同性恋市场价值每年达到 6100 亿美元。

在与同性恋团体会面的几天后，福特公司宣布，虽然路虎和捷豹汽车不会再在同性恋倾向的媒体上发布广告，但福特将会在同性恋倾向媒体上发布公司整系列的产品线，称"这将有效合理地联结不同的用户群"。福特没有提到海韦希的干预，并在随后否认他的要求对公司的这个决定有任何影响。

美国家庭协会，毫无疑问，很快便重新发起了他们的抵制活动。"我们和福特公司是有协议的，这是本着良好的意愿达成的，"牧师唐纳德·维尔德蒙说，"但是很遗憾，一些福特公司的领导者违反了这个正确的协定。"

毫无疑问，商业领袖们必须要学会应对市场力量，这么多年过去了，他们已经知道如何才能与华尔街共存。在 21 世纪，商业领袖们需要尝试处理"市场以外"的力量。未来的领导者要学会喜欢这些工作，至少是不反感，要培养自己处理这些问题的能力。否则他们的公司很可能会陷入被动局面。年轻的领导者也许会在承受社会压力方面有一定的优势，但要每个领导者都建立起一整套处理外部事件的能力体系和判断力确实是一项挑战。显然，作为一个当代领导者，必须拥有一颗坚强的心脏。

如何避免陷入困境

- 要让公司管理层做好心理准备，接受这样的现实——在如今这个由于互联网的发展而高度透明的世界中，公司面对的社会问题随时可能出现；

- 在评估公司的业务定位时，我们需要预测可能出现什么样的社会问题，以及什么样的团体可能提出这些问题；

- 建立一套处理这些问题的方法论，一是为了自己，二是为了公司。在这些事件的初期信号出现时，考虑清楚用什么方法应对，以及怎样评价造成这些问题的不同力量；

- 做好与这些外部团体交换意见的准备，建立起沟通的桥梁，共同寻找解决方案，时刻保持积极的姿态。

致一位未来领导者的信

迈克:

你好!非常荣幸应邀参加你的商学院毕业典礼,也非常高兴你就如何融入商业社会征求我的意见。你父亲和我在商学院做室友的日子好像还是昨天的事。那是一个不同的时代,到处是我们可以想象到的挑战。每一代的领导者所面临的挑战看起来都是不同的,你们这一代需要有对时局更清醒的认识和方向感,才能应对日益复杂的 21 世纪。

无论从事什么样的工作,你都会面对令人目不暇接的各种因素和考量。你需要竭尽自己所有的雄心和耐力来处理这些问题。但是只有雄心是不能够获得成功的。最终,你的领导力才是决定因素。在当前透明化的世界中,你在能力、个人特质、性格(这一点我并不担心)上出现的任何缺失都会快速地显现出来。

我相信你有很多资源来帮助你发展,但你不应该将希望完全寄托在他人身上。你要做你自己的主人。我已经向你解释过这8种核心领导技能的重要性。在其中挑选一两个你认为最关键的加以提高，当你达到一定的水平之后，再继续挑选一两个。你会发现其中的一些要比别的更容易做到。这些正是你在培养领导技能的过程中应该努力关注和加强的。寻找可以锻炼这些能力的机会，将你自己融入其中检验自己的各项能力。

你可能会说，一个卓越的领导者需要精准的判断力，这种内心的直觉会告诉你应该怎样分析以便找到前进的道路。每一种能力都需要这一点。你真正要做的应该是提高准确率，使你在最关键的时候能够相信自己的直觉。做判断的过程常常是无意识的，但这并不意味着你自己无法控制。思维过程越缜密，你的判断力就会提高得越快。

没有人准确地知道人脑到底是怎样工作的，但每个人都知道我们的思维模式是建立在对人、外部环境、工作重点以及其他商业问题的判断的基础上。我相信你也意识到了，有时你得出一个结论，但你很难解释自己是怎么得到这个结论的。这是因为你的内心直觉在起作用。你已经根据不同情况的经历形成了一套思维模式。在每次遇到新情况时，你的内心直觉都会判断是否符合你之前的经验，然后你的思维模式也会得到更新和拓展。

如果你能用心关注这些直觉并试着将你的判断进行调整以符合你的思维模式，你将能够减少重复犯错，并进入真正意义上的学习过程。关键是要将经验和真实的心理反应结合起来。没有人能够两次踏进同一条河流！你应该有意识地在新情况中寻找新的不同点，找出哪些东西是相同的、哪些是不同的，以及其中的原因是什么。当你进行判断时，要努力试着弄清那些你很看重、影响到你的决策的关键因素。当你看到决策的结果之后，要反思你的决策是否正确。你的决策的假设是什么？为什么你会做出这些假设？你所依据的信息来源是什么？这些来源的传播轨迹是怎样的？

如果你是一个事业部的市场负责人，你挑选了一个人作为你的广告总监。3个月、6个月，最多一年之后，你就会检验出这个人的才能到底怎样。如果他在某些方面出乎你的预料，你就需要思考，这些你没有预见到的方面是什么，以及为什么你会忽略这些方面。也许你仅仅依靠几种能力就认定了一个人，没有进行更全面的考察。如果你知道他有什么地方需要改进，你会立即向他指出来吗？你会因为不想得罪他就隐忍不说吗？如果你忽略了一些后来在其他部门被证明是非常成功的人，你应该仔细考虑其中的原因。你会由此感受到威胁吗？这样的自省过程会让你下一次对人的判断变得更准确，反过来还会增强你的自信心。

同样，你还可以通过学习他人的经验来加快自己的进步。找到那些在你需要改进的方面做得好的领导者，仔细观察。不要被一些表面的东西迷惑，例如，地位或是敏捷的思维等，应该关注的是领导者的行动、决策、行为及其结果。他们不一定是你的老板或上司；也许他们是你的同事，且其中一些人特别擅长于分析问题或探究细节。

你对新生事物和新认识的人要抱有非常开放的心态，并且热衷于面对新问题和新情况。这些个人特质将很有利于你改善自己的决策，帮助你的思维模式和行为更快地做出调整。我已经看到过许多原本聪明的年轻人因为缺乏灵活的态度、思维僵化而使学习能力减弱。他们的思维模式被自己限定了，总是希望"一招鲜，吃遍天"。一些人在成长的过程中没有意识到自己的个人特质问题，例如，过于咄咄逼人，或拒人于千里之外，都可能成为一颗定时炸弹。

在你运用这些能力的过程中，你要注意那些心理上的障碍。每天生活的压力会逐渐产生危害，消磨你的感知能力，扭曲你的思维和行为。一些年轻的领导者常常会过于自信或过于乐观，在没有从多个角度研究问题之前就做出冲动的决定，还有一些人可能不够果断，因为他们对自己很怀疑或是害怕做出反馈。有时候，不管你在心理上有什么样的障碍都必须做出决断。需要害怕的不是犯错误，而是以后再没有这样的学习机会。另外，不要因为保守而妨碍了你的学习进步，持续学习和成长的领导者乐于承认自己的无知。

当我说你要对自己的成长负责时，并不是说你需要完全地自力更生。你可以建立一个帮助你获得全方位反馈的渠道，找到你可以信赖的人，给予你公正、客观、及时的评价，帮助你认识到自己心理上的障碍。同时，你需要严格自律来追求卓越，就像一个运动员为了获得冠军而进行的严格、艰苦的努力训练一样。

对你自己发展负责的另一部分是要找到一个有发展前途的工作。我遇到的所有成功领导者都受益于拥有不同领域的工作经验。

一些人是由于偶然的机会进入这些领域，而有些人则是积极地追求这些机会，还有一些人从事的是对于其他人来说过于困难而不愿意做的工作。所有的这些经验都会受到他们直觉、心态以及情绪的影响，然后重塑他们的思维模式，最后反映到他们对新事物的判断过程中。

希望你能找到在不同的环境中得到锻炼的机会让自己成长。不要在同一个职位上超过 10 年，但也不要像换衣服一样过于频繁地更换工作，因为长长的简历并不能让你学到什么东西。在一个职位上待足够长的时间来对自己进行检验，增强你在那个领域的知识储备，观察自己决策的结果，并完善你的直觉。我经常会对一些快速成功的领导者充满好奇，例如，在 45 岁就成为成功的首席执行官的杰克·韦尔奇，以及在 29 岁就成功地建立起一家公司的迈克尔·戴尔。很显然，通过学习改变你的思维模式是很快就能够实现的。

有的时候，你可能深受挫折，或者不被赏识，或者工作不顺利。这样的困难时刻能够给我们提供很多有意义的教训。在经历这样一段时期后，也许你会突然发现一种解决问题的新方法。每个人都知道在童年和青少年阶段后会经历成长的烦恼。在我看来，思维的成长过程也会遇到同样的烦恼。例如，你会突然发现自己在深入研究某一领域、评价他人、市场定位、制定目标和工作重点方面，同时得到了提高。因为它们之间是相互联系的，所以，个人能力的提高过程也是一样的。这些是令人振奋的，可以成为你成长的推动力。这会使工作成为你的人生乐趣之一。

似乎静坐思考时间越长，就越会才思泉涌。请允许我再提醒你另一件事，那就是天生就能预见所有变化、应对所有情境的领导者是不存在的，每个领导者都有一些能力和特质是更适合某些情境的。一个善于应对转型期问题的领导者，不一定擅长抓住机遇、控制风险，实现有机增长。所以，要实事求是地看待自己适合哪种领导工作。这会创造属于你自己的好运气。

请记住成功无止境！这是 21 世纪的领导者无法回避的一个事实。你必须要对自己个人的持续发展负责。我希望你努力去做这件事，就好像世界的命运都掌握在你的手中（从某种程度上来讲确实是这样的）。国家的经济标准并不是由经济理论、发明创造或科学技术的标准决定的，而是由领导者，特别是商业领导者决定的。他们利用各种能力并运用科学技术，冒险将发明创造应用于商业，最终提高了人类的生活水平。通过提升自己的核心领导技能，你可以成为他们中的一员。专注于核心领导技能的培养，留心观察个人特质对于能力发展的影响，持续学习进步！我期待着与你分享成功的喜悦。

祝好！

拉姆

卓有成效领导者的 8 项核心技能

（1）**准确定位业务**：找到能够满足客户需求、实现盈利的核心业务定位。

（2）**预见引领变革**：洞察复杂世界的变化趋势，让企业处于变革的潮头。

（3）**管理团队合作**：让合适的人以恰当合适的行为团结合作，做出更好、更快的决策，实现更好的业务成果。

（4）**培养领导人才**：基于领导者的行动、决策和行为进行判断，让他们与工作的标准相匹配。

（5）**打造核心团队**：让能力强、高度自信的领导者精诚团结、无缝合作。

（6）**设定正确目标**：在设定目标时，充分考虑应该达成和能够达成之间的平衡。

（7）**专注工作重点**：明确实现目标的路线图，协调各方资源、行动和精力去达成目标。

（8）**建立社会联盟**：预见和应对那些我们不能掌控，但会显著影响企业发展的社会团队带来的压力。

影响核心技能培养的个人特质

雄心抱负（ambition）：实现卓越的成就，但不会不惜一切代价获取成功。

内驱力和毅力（drive and tenacity）：不断探寻，坚持不懈，不达目的誓不罢休，但不会过度执着于行不通的计划。

自信（self-confidence）：战胜对失败的恐惧和对反馈的恐惧，以及被他人喜欢的需求，明智地使用权力，但不会自我陶醉或傲慢。

心态开放（psychological openness）：开放地接受新的、不同的观点，而不压制别人的意见。

现实主义（realism）：理解什么是实际能够实现的目标，而不会掩盖问题或假定最坏的结果。

虚心好学（appetite for learning）：持续进步，提高核心技能，不重复自己的错误。

提高核心技能的认知特质

从不同的高度看问题：在宏观、抽象的层面和微观、具体、细节的层面之间转换。

广阔的认知视野：吸收广泛的信息，看到大画面。

重构的能力：从不同的角度看问题。

致　　谢

　　本书是基于很多人的才能和智慧而形成的，我得以在我的生命历程中从他们身上观察和学习。我想感谢我的兄弟姐妹，他们的教导是我的全部生涯的起点，他们给了我他们所没有的机会。我要感谢过去几十年中，慷慨地花时间与我分享见解的很多杰出的领导者。我希望他们能从本书总结的经验和优秀案例中认出他们自己的影子。篇幅所限，我不能在此一一提到他们的名字，但我希望他们知道，我对他们充满感激。

　　我要深深地感谢一些允许我探询和分析他们的行动和决策，以及背后的思考，为本书提供非常有用的反馈的人，他们使得本书得以成篇：Pramod Bhasin、Frank Blake、Larry Bossidy、Todd Bradley、Ed Breen、Jack Breen、John Brennan、Dick Brown、Peter Cairo、Ben Cammarata、Governor Caperton、Dennis Carey、Richard Carrión、Paul Charron、Bill Conaty、Ian Cook、Dave Cote、Eric Creviston、Mike Critelli、Joe DeAngelo、Peter Dolan、Dennis Donovan、Tony Earley、Maria Luisa Ferré Rangel、Mark Fields、George Francis、Dennis Fritsche、Gordon Fyfe、Ron

Gafford、Dick Harrington、Roberto Herencia、Jeff Immelt、Andrea Johnson、Cindy L. Johnson、Lois Juliber、Manfred Kets de Vries、Jack Krol、Roger A. Krone、Carl Liebert、Tom Loarie、Harsh Mariwala、Bill McComb、Ron Meeks、David Murphy、Bob Nardelli、David Novak、Dinesh Paliwal、Kathie Pringle、Paul Raines、Evelyn Rodstein、Dave Ropp、Peter Ross、Joe Ryan、Ivan Seidenberg、Brad Shaw、David A. Smith、Larry Steward、Tom Taylor、Carol Tomé、John Van Scoter、Patrick Wang、Mark Watson、Bob Whitman、Ed Woolard、Dennis Zeleny。

格里·韦利根，从我刚产生写作本书的想法时就和我一起工作，决定了本书的形成。通过多年的讨论，她帮助我发展和完善了本书的很多想法和故事。她十分精通本书的概念和细节，利用她在《哈佛商业评论》练就的编辑技能把这些思想变成了教学材料。我非常欣赏和感激她为本书贡献的分析能力、协作能力和严格的标准。

我在皇冠出版社的编辑约翰·马哈尼，他的工作远远超出了他的工作范围，成为了本书真正的合作者。他投入了大量的精力和时间，提出读者可能会问的问题，极力使本书清晰而便于理解，使读者能够深入阅读、从中学习，同时感到本书通俗易懂。他的贡献、专长和专业精神超出了所有作者的想象。

在《华尔街日报》工作多年的道格·星瑞以他纯熟的编辑技能对本书做出了多方面的贡献。他的才智、商业知识以及敏锐的编辑眼光让本书在各方面都变得更好。

约翰·乔伊斯是我在哈佛商学院的室友，为本书的关键部分提供了重要的见解，就像他一直做的那样。Geoff Colvin、Paul Hemp、RikKirkland、Cait Murphy 和 Larry Yu 也提出了有用的见解，我非常感谢。

我一定要感谢 Cynthia Burr 和 Carol Davis，我办公室的两位魔术师，尽管他们的职责令人眼花缭乱，他们还是保证了我对本书的顺利写作。他们似乎可以在时间短缺的时候制造出时间来。同样谢谢 Lindsay Orman，他为本书做了大量的协调工作。

最后，感谢所有积极进取的读者。他们在探求什么是卓越领导力这个问题的答案时，向我提出了很多问题。他们的好奇心驱使我为他们寻找答案。

管理人不可不读的经典
"华章经典·管理"丛书

书 名	作者	作者身份
科学管理原理	弗雷德里克·泰勒 Frederick Winslow Taylor	科学管理之父
马斯洛论管理	亚伯拉罕·马斯洛 Abraham H.Maslow	人本主义心理学之父
决策是如何产生的	詹姆斯 G.马奇 James G. March	组织决策研究领域最有贡献的学者
战略管理	H.伊戈尔·安索夫 H. Igor Ansoff	战略管理奠基人
组织与管理	切斯特·巴纳德 Chester Lbarnard	系统组织理论创始人
戴明的新经济观 (原书第2版)	W. 爱德华·戴明 W. Edwards Deming	质量管理之父
彼得原理	劳伦斯·彼得 Laurence J.Peter	现代层级组织学的奠基人
工业管理与一般管理	亨利·法约尔 Henri Fayol	现代经营管理之父
Z理论	威廉 大内 William G. Ouchi	Z理论创始人
转危为安	W.爱德华·戴明 William Edwards Deming	质量管理之父
管理行为	赫伯特 A. 西蒙 Herbert A.Simon	诺贝尔经济学奖得主
经理人员的职能	切斯特 I.巴纳德 Chester I.Barnard	系统组织理论创始人
组织	詹姆斯·马奇 James G. March	组织决策研究领域最有贡献的学者
论领导力	詹姆斯·马奇 James G. March	组织决策研究领域最有贡献的学者
福列特论管理	玛丽·帕克·福列特 Mary Parker Follett	管理理论之母

科特勒新营销系列

书号	书名	定价	作者
978-7-111-71337-1	营销革命5.0：以人为本的技术	69.00	(美) 菲利普·科特勒
978-7-111-66272-3	什么是营销	69.00	曹虎 王赛 科特勒咨询集团(中国)
978-7-111-62454-7	菲利普·科特勒传:世界皆营销	69.00	(美) 菲利普·科特勒
978-7-111-63264-1	米尔顿·科特勒传:奋斗或死亡	79.00	(美) 菲利普·科特勒
978-7-111-58599-2	营销革命4.0:从传统到数字	45.00	(美) 菲利普·科特勒
978-7-111-61974-1	营销革命3.0:从价值到值观的营销(轻携版)	59.00	(美) 菲利普·科特勒
978-7-111-61739-6	水平营销:突破性创意的探寻法(轻携版)	59.00	(美) 菲利普·科特勒
978-7-111-55638-1	数字时代的营销战略	99.00	(美) 艾拉·考夫曼 (中) 曹虎 王赛 乔林
978-7-111-66381-2	社交媒体营销实践指南(原书第3版)	69.00	(德) 马克·奥弗· (美) 菲利普·科特勒 (丹) 斯文德·霍伦森

拉姆·查兰管理经典

书号	书名	定价
47778	引领转型	49.00
48815	开启转型	49.00
50546	求胜于未知	45.00
52444	客户说：如何真正为客户创造价值	39.00
54367	持续增长:企业持续盈利的10大法宝	45.00
54398	CEO说：人人都应该像企业家一样思考（精装版）	39.00
54400	人才管理大师：卓越领导者先培养人再考虑业绩（精装版）	49.00
54402	卓有成效的领导者：8项核心技能帮你从优秀到卓越（精装版）	49.00
54433	领导梯队：全面打造领导力驱动型公司（原书第2版）（珍藏版）	49.00
54435	高管路径：卓越领导者的成长模式（精装版）	39.00
54495	执行：如何完成任务的学问（珍藏版）	49.00
54506	游戏颠覆者：如何用创新驱动收入和利润增长（精装版）	49.00
59231	高潜：个人加速成长与组织人才培养的大师智慧	49.00